普通高等教育精品系列教材
2021年甘肃省高校课程思政建设研究项目：《社会心理学》课程
思政教学改革研究（GSkcsz-2021-034）

社会心理学导论

SHEHUI XINLIXUE DAOLUN

曹义杰◎主编

海洋出版社
2023年·北京

图书在版编目（CIP）数据

社会心理学导论 / 曹义杰主编 . —北京：海洋出版社，2023.9

ISBN 978-7-5210-1179-1

Ⅰ . ①社… Ⅱ . ①曹… Ⅲ . ①社会心理学 Ⅳ . ① C912.6-0

中国版本图书馆 CIP 数据核字（2023）第 197315 号

责任编辑： 刘　斌

责任印制： 安　淼

海洋出版社　出版发行

http://www.oceanpress.com.cn

北京市海淀区大慧寺路 8 号　邮编：100081

涿州市般润文化传播有限公司印刷　新华书店经销

2023 年 9 月第 1 版　2023 年 9 月第 1 次印刷

开本：787mm×1092mm　1/16　印张：11.5

字数：220 千字　定价：88.00 元

发行部：010-62100090　总编室 010-62100034

前　言

一个人自出生，就处于先前已形成的社会中，受到家庭、父母与成人社会的关照、教育与影响，在此基础上学会与人沟通的语言，逐渐形成自我意识和人的心理、个性与依赖于群体的社会性。随着年龄的增长，参与社会活动的增多，个人也会更有意识地通过行动对他人、群体与社会发挥积极或消极的作用。社会决定和影响着个人，个人也能动地反作用于社会。个人在社会中的心理和行为都属于社会问题，需要进一步探索。

社会心理学是人类自我探索的学科，是一门探讨社会因素如何影响人的心理与行为的科学，可以解释现实生活中个体与群体社会行为背后的深层次原因。从日常生活中人们对隐私的关注行为，到年轻人在网络空间上的自我暴露，再到不同群体之间相互持有的印象偏见，其真正原因往往并不像人们所想的那样简单。社会心理学理论总是尽可能地摒弃世俗价值观的干扰，更加客观、公正地描述人类社会心理与社会行为的普遍规律，这对于构建人与人之间日常沟通所必需的观念共识具有非常重要的意义。

本书内容共分为 6 章。第一章为社会心理学概述，包括社会心理学的基本范畴、研究方法、发展简史和学科特点；第二章介绍社会心理学基本理论，包括社会学习理论、社会认知理论、符号互动理论、精神分析学派的社会心理观和后现代主义社会心理学思潮；第三章到第五章分别介绍社会心理学的社会思维、社会关系和社会影响；第六章介绍社会心理学的应用。本书的内容与形式丰富多彩，以原理分析为主，有一定的学术深度，用生动的方式说明科学事实和提供研究方法，在文字语言组织上力求通畅，尽量做到深入浅出。

本书涉及内容广泛，笔者在撰写时参考和借鉴了大量的资料记录，由于学术水平有限，编写过程中疏漏与错误难免，谨请读者指正与提出建议。

作　者

2023 年 4 月

目　录

第一章　社会心理学概述

作为一门探讨社会因素如何影响人的心理与行为的科学，社会心理学可以解释现实生活中个体与群体社会行为背后的深层次原因。本章主要介绍社会心理学的基本范畴、研究方法、发展简史、学科特点。

第一节　社会心理学基本范畴

一、社会心理学的定义

在学习一门新学科之前，初学者首先想了解的经常是这门学科的定义。但是，对社会心理学来说，要给出一个非常精确且能够得到所有社会心理学家认同的定义非常困难。其原因主要有两个方面：首先，不同学者所认同的理论范式分歧较大，他们可能来自不同的学科（如社会学或心理学等），即使学科背景相同，他们的理论观点也千差万别；或者所关注的研究对象不尽相同，这些因素都会导致社会心理学的定义难以统一。其次，社会心理学的研究对象本身广泛而复杂，广义的社会心理学研究对象包含全部受社会因素影响的心理与行为，至今也没有一种定义能够涵盖这些研究对象的全部特点。

在社会心理学正式诞生之前，社会学、文化人类学、心理学等相关学科已经出现。从某种意义上来讲，社会心理学正是这些学科相互交叉、渗透、融合的产物，它们为社会心理学提供了重要的学术思想来源。尤其是社会学和心理学，最终发展成为社会心理学内部的两种研究传统，故又可以称其为社会心理学的基本研究取向。心理学研究取向是以 F.H. 奥尔波特（F. H. Allport）所开创的实验心理学为代表，社会学研究取向则是以 G.H. 米德（G. H. Mead）所开创的符号互动理论为滥觞。心理学研究取向更加关注个体的心理与行为如何受到他人的影响，而社会学研究取向更加侧重社会因素对群体心理与行为的影响。

（一）社会学取向的定义

社会学取向的社会心理学强调将“人与人之间关系或人与人之间的相互影响”作为研究对象。这种定义显然受到了社会学基本观点的影响，例如，S. L. 阿尔布赖齐（S. L. Albright）认为，“社会心理学研究社会制度、社会团体与个体行为间的关系”。I. H. 戴维斯（I. H. Davis）等指出，“社会心理学可以界定为人类交互作用的研究”。D. J. 贝姆（D. J. Bem）则强调，“社会心理学是研究社会交互作用的科学”。R. E. 西尔弗曼（R. E. Silverman）给出的定义是：“在现实生活中，人们并不是活动在真空状态中。你是社会的一个成员，而你的行为是受许多人际关系影响的。这些人际关系就是社会心理学（心理学中注重研究人际互动的分支）的主要兴趣所在。”

不同意这类定义的学者认为，在社会心理学研究中，强调研究人际关系与人际互动是必要的。但是，如果只强调这些研究内容，则有可能导致它和社会学的研究对象相混淆，使社会心理学成为社会学的同义反复。社会心理学之所以要研究人际关系和人际互动，就是要探明这种关系和互动如何作用于人的主观世界，并引起人的何种社会心理活动。所以，社会心理学的研究内容与目标和社会学研究的应该有所不同。

（二）心理学取向的定义

心理学取向的社会心理学强调研究“个体的社会行为”，其认为社会心理学是研究个体的社会行为的科学。这种定义方式体现了行为主义心理学在社会心理学内部的影响，行为主义心理学认为心理学是一门研究人的行为的科学。据此引申，持行为主义心理学观点的人常把社会心理学看作研究人的社会行为或者个体行为之间互相影响的科学。例如，J. H. 戈尔茨坦（J. H. Goldstein）认为，对于社会心理学，“我们的暂用定义是，一个人的行为怎样影响其他人的行为的研究”。J. L. 弗里德曼（J. L. Freedman）等认为，“社会心理学是社会行为的系统研究。它探讨我们怎样感知其他人和各种社会情境，我们怎样对他们和他们怎样对我们发生反应，以及我们怎样受社会情境所影响”。A. J. 洛特（A. J. Lord）认为，“社会心理学是研究受在某种文化结构的范围内的其他人的行为或集团的行为所影响的个体的行为”。D. O. 西尔斯（D. O. Sears）等在1988年出版的《社会心理学》（第六版）中也开宗明义地指出：“社会心理学是对社会行为的系统研究。它论述我们如何知觉其他人和社会情境，我们如何对其他人做出反应以及其他人如何对我们做出反应，此外，它还论述我们如何受社会情境的影响。”

心理学取向的社会心理学定义还有一种变式，即在行为主义心理学观点的指导下，把人的“思维”“情感”等心理活动也看作“行为”，其认为社会心理学研究的社会行为还包括人的这些心理活动。例如，G. W. 奥尔波特（G. W. Allport）提出，“……很少例外，社会心理学家们把他们的学科视为试图理解和解释个体的思想、感情和行为怎样受到他人的实际的、想象的或隐含的存在的影响”。R. A. 巴朗（R. A. Baron）等在1984年出版的《社会心理学》（第四版）中提出，“社会心理学是一个科学领域，它试图理解社会情境中个体行为的本质和原因，这里所说的‘行为’，意指外显活动、情感和思维”。以上这类定义的特点是把人的心理和行为都作为社会心理学的研究对象。

本书认为社会心理学应该定义为：是对人的社会心理和社会行为规律进行系统研究的科学。这里所说的人，既包括个体也包括群体；而所谓的社会心理和社会行为，则是指个体或群体在特定的社会文化环境中对来自社会规范、群体压力、自我暗示、他人要求等社会影响所做出的内隐的和外显的反应。本书定义的优点是综合了两种研究取向的社会心理学定义，而且强调了对社会心理与社会行为规律的探索是社会心理学的基本属性。初学者可以了解这种定义内容，以便展开后续的学习，当学习达到一定程度后，也可以提出自己心目中的社会心理学定义。

二、社会心理学的研究范围

社会心理学发展至今，已经有了较为完整的学科体系。基于研究对象的不同层次，可以把社会心理学的体系划分为个体的社会心理和社会行为、社会交往中的心理和行为、群体心理以及应用社会心理学 4 个基本范畴。

（一）个体的社会心理和社会行为

个体的社会心理和社会行为的研究包括以下几个领域：

（1）个体的社会化。一个人从出生到死亡，经历了一系列社会化过程。社会心理学需要研究这种社会化过程，即要研究人的一生心理发展、变化的一般表现，及其与社会环境之间的相互影响，如家庭环境、社会地位、学校环境、师友伙伴、居住环境、文化氛围、风俗习惯等方面的影响。社会心理学对社会化的研究，旨在揭示“自然人”是如何转化成为“社会人”的。而个人的社会化过程则包括政治社会化、法律社会化、道德社会化、民族社会化、职业社会化、性别角色社会化等多个方面。

（2）社会角色。形成特定的社会角色，是社会化的结果之一。每个人在不同的情景中，承担着不同的社会角色，甚至在同一种情景中承担着多个社会角色，从这个角度来说，每个人都是一个角色丛。社会角色理论认为，每个人都在扮演自己的角色，并以特定的角色参与不同领域的社会生活，因此，了解社会公众的角色期待以及个体的角色领悟、角色实践，对于理解人类的行为非常重要。

（3）自我意识。社会心理学对自我意识的研究主要包括自我意识的形成过程，以及自我意识对个体社会行为的影响作用等内容。自我概念是个体对自己存在状态的认知，它是自我意识活动的产物，又反过来影响着人的行为。个体对自身行为的期待，以及现有经验的解释，固然会受到真实自我的影响，但自我概念对这些方面的影响更大。

（4）社会认知。传统的心理学只研究人对物的认知规律，很少专门研究对社会客体（即处于社会环境中的他人或群体）的认知。社会心理学则非常关注对个体认知的研究。这种研究包括 3 个方面：一是对他人的认知，或者称为人际认知，如对他人个性特点、表情、行为的认知，对人际关系的认知等；二是对自己的认知，或称为自我认知，包括自我评价、自我监控等；三是归因，即研究个体如何探索自身或他人行为的内在原因。社会心理学对社会认知的研究，对于在社会生活中正确认识自己和他人、处理好复杂的人际关系具有重要意义。

（5）社会态度及其改变。个体对社会生活中的人、事、观念或现象的评价与稳定的反应倾向，就是所谓的态度，它是社会心理活动的基本内容之一。社会心理学研究非常关注社会态度的结构、各种态度成分之间的关系。除此之外，还研究态度的形成与改变的过程与条件，以及如何测量人的态度。态度研究对于准确了解人的社会心理活动、理解人的社会行为表现、进行态度的形成与改变都具有实际应用价值。

（二）社会交往中的心理和行为

社会交往层面关注的是个体与个体之间的相互作用与人际交往，如人际关系、人际沟通、社会影响等。人际关系主要研究的是人与人在社会交往中形成的心理关系，例如，喜欢是如何发生的？受到哪些因素的影响？人际关系是否可以测量？又可以从哪些方面对它进行测量？等等。人际沟通主要研究的是沟通的类型、功能、程序，以及如何提高沟通的效果。社会影响主要研究的是人与人之间如何发生相互影响，比较典型的研究内容包括他人在场、暗示、模仿等。

（三）群体心理

社会中的人通常处于各种各样的、正式或非正式的群体之中。社会心理学研究了群体情景对群体成员行为的影响、群体领导的风格和作用、群体领导的行为及其领导力等问题。此外，在群体心理层面，还研究大规模群体的心理现象，如民族心理、性别差异心理等。通过研究群体中社会成员的集体行为与集群行为，对于解释人的行为、提升集体的活动效能都具有非常重要的意义。

（四）应用社会心理学

从整体上来说，社会心理学是一门应用性很强的学科，从 20 世纪中叶以来不断地形成了一些新的学科分支。例如，环境社会心理学研究人和生活环境的相互作用，探讨了噪声、污染、自然灾害对人的社会心理影响，以及居住环境的设计和安排应该如何适应人的心理需要等；健康社会心理学研究身体疾病、心理疾病与社会因素之间的关系，以及如何应用心理学理论与方法治疗人的心身疾病；法律社会心理学研究的是犯罪心理的形成，以及犯罪行为发生的规律，探讨如何应用社会心理学鉴别证人证言的可靠性，为犯罪侦查提供指导方向，研究法庭社会体系中各种不同角色之间的关系与相互影响，探索预测、预防犯罪的有效措施等；传播社会心理学研究的是电影、电视、网络、广播、报纸、杂志、图书等大众传媒对个体态度形成及改变的作用，以及如何有效应用这类传播工具，促使人的态度发生积极变化；教育社会心理学研究的是学生、学校与社会之间的关系，如班级集体的特点及其对学生个性发展的影响、学校和班级的氛围对学习动机和学业成绩的影响、教师特点对学生成绩的影响等。

社会心理学的应用研究领域相当广泛。应用层面研究一方面把社会心理学的理论应用于现实生活中；另一方面可以丰富社会心理学的理论与方法。因此，应用研究也是社会心理学不可或缺的一部分。

第二节　社会心理学研究方法

一、社会心理学的方法论问题

从根本上来说，一门学科的方法论是关于这门学科的最高研究原则和指导思想。社会心理学的方法论，应该能够回答或解决本学科中具体研究所面临的基本问题。例如，本学科研究的基本对象与内容是什么？为什么要研究这些对象与内容？应该使用什么方法进行研究？等等。社会心理学的指导原则与研究者的世界观、知识观密切地联系在一起，而研究者的世界观与知识观又和其生活经历以及由此而形成的哲学立场有关，有了一定的哲学立场，就会产生相应的观察和解释社会行为的视角与观点，有了观察与解释社会行为的特定观点和视角，就会产生研究特定对象客体的具体方法。一位社会心理学家的立场、观点和方法构成了他的科学工作的方法论基础。

苏联社会心理学界与欧美国家相比，更重视研究的方法论问题。例如，安德烈耶娃（T. M. AHpeeBa）曾经提出方法论不等同于具体研究方法，其认为方法论这个术语表现了科学观点和方法的 3 种不同水平：第一种水平是一般哲学观点，称为一般方法论。社会心理学家在研究中都自觉或不自觉地体现了某种一般哲学观点。对于以马克思主义为指导的社会心理学来说，这就是辩证唯物主义和历史唯物主义。第二种水平是专门学科的一般理论观点，这是在一般哲学观点的影响下，在某个学科内形成的。苏联社会心理学界提出 3 个理论作为本学科的方法论原则，即鲁宾斯坦和列昂节夫的活动与意识统一的理论、洛莫夫的系统理论、乌兹纳捷的定势理论。第三种水平是在一般哲学观点和专门学科一般理论观点指导下的具体研究方法，如实验法、调查法、社会测量方法等。在具体研究中无论采用什么方法，都不能离开一般方法论和专门方法论。

西方社会心理学研究（主要是指以美国和欧洲发达国家为代表的研究）在论及研究方法时，通常是指具体用什么方法开展社会心理学的研究。他们尽管也使用方法论这个术语，但多半与具体的研究方法同义。这正反映了西方社会心理学领域重视实证研究、忽视理论指导的传统。我国社会心理学界对方法论问题也有过一些探讨，曾经比较一致的观点是苏联社会心理学界的观点对我们具有重要的参考意义。不过近年来，我国社会心理学界对方法论的重视程度有所下降，而对具体研究方法的关注程度日益提升。

对社会心理学这门学科来说，基本的方法论应该是什么呢？它要求研究者具备什么样的世界观呢？本书认为辩证唯物主义（包括历史唯物主义）也应该成为本学科研究的最高指导原则。因为凡是能够称得上是科学的知识，都是对客观世界存在的事物、事物之间的相互关系以及从中所表现出来的规律的如实反映。换言之，它们都是在唯物主义观点的指导下取得的。不仅如此，这些反映往往包含有辩证法的成分，因为辩证法也是客观存在于现实事物的相互关系以及发展变化之中，社会心理学研究同样如此。

二、社会心理学研究的基本术语

（一）变量

变量是许多学科都在使用，但定义又比较笼统的概念。在社会心理学研究中，所谓变量是指在性质或数量上可以发生变化的特征或条件。正是由于变量可以发生变化，所以通常也能够加以观察或控制。社会心理学研究中的变量通常有两类：第一类是因变量，它是研究者所关注的变量，往往表现为被试在实验中的行为反应，会因为受到其他变量的影响而发生变化，同时也能够被研究者所测量；第二类是自变量，自变量也可以变化，但其变化往往是由研究者所选定或控制的，用于分析其变化对社会心理与社会行为的影响。例如，要研究经济收入对幸福感的影响，研究者会把经济收入水平作为自变量看待，即根据收入水平把被试分为不同的群体，然后再比较不同收入群体的平均幸福感有何差异，此时幸福感就是因变量，研究者事先假设幸福感因收入变化而有所改变，作为自变量的收入水平则可以解释因变量的变化。再例如，如果要研究噪声对利他行为的影响，研究者会操纵不同等级的噪声条件（自变量），对比不同条件下被试的利他行为（因变量）是否有所差异，最终得出“噪声减少利他行为”或者“噪声增加利他行为”的研究结论。

操作化，或者说操作性定义是理解变量的一个关键。社会心理学研究的许多概念都是具有一定抽象程度的，从抽象的理论分析到应用实证方法获得经验支持，必须对概念进行操作化，使之成为可以测量并加以控制的变量。操作化是联系概念与变量之间的桥梁，它联通了理论层面的概念与实证层面的变量，如果概念反映的是事物的本质特征，那么操作化就是找到这种本质特征的具体表现和现象。例如，在研究态度时，因为态度具有内隐特征，人看不到他人的内在态度，这时就必须通过操作化的方法，将态度变成可以测量的具体变量。研究者可以收集有关态度的各种行为指标，将之设计成为态度量表，并借此将态度这一抽象概念变成可以测量或者操作的具体变量。

因变量随着自变量的变化而发生改变，当两个变量之间存在相互影响的关系时，两者的关系至少有两种可能性：一种是因果关系，即前置变量对后置变量具有直接影响；另一种是相关关系，即两种变量之间不是因果关系，它们之间虽然同时或先后发生变化，但彼此不是对方发生变化的原因，它们可能同时受到另一因素的影响而发生变化。在社会心理学研究中不要将相关关系误认为是因果关系。例如，当病人因为细菌感染而发烧时，其心跳和呼吸频率可能会加快，心跳次数和呼吸次数这两个变量呈正相关。但心跳加快不是呼吸加快的原因，呼吸加快也不是心跳加快的原因，细菌感染才是呼吸加快和心跳加快的真正原因。

在社会心理学研究中，很多变量之间存在相关关系。但由于存在因果关系的两个变量也会有相关的表现，所以有些相关关系有可能会被研究者误判为因果关系。两个变量之间存在相关关系时，并不必然意味着两者之间具有因果关系。相关关系只是指两个变量会一同发生变化，即当一个变量变化时，另一个变量也随之改变。当其变化的数值表现为同时增加或同时减少时，它们之间的关系可以称为正相关；当一个变量值增加而另一个变量值减少时，它们之间的关系则可以称为负相关。而在因果关系中，一个变量是另一个变量变化的原因，具有因果关系的两个变量既有可能表现为正相关，也有可能表现为负相关。但是，在进行社会心理学研究时，千万不要把两种关系互相混淆。

（二）效度

在社会心理学研究中，经常会涉及测量与实验等问题。所以，效度与信度的概念就变得非常重要。所谓效度即有效性。在测量中，效度是指测量工具或方法反映被测量对象属性的准确程度。测量结果越接近测量对象的实际属性，那么测量的效度越高，反之效度则越低。换言之，测量结果必须要符合测量目标，当研究者所测量到的内容正好是他想要测量的东西，或者所发现的正是他想要发现的东西时，测量就有了效度。例如，如果要测量人际吸引程度，往往需要开发出专门的人际吸引程度量表，该量表如果能够切实反映人与人的情感亲近程度，那么这种测量才有效度和价值。

在社会心理学实验中，效度又可以分为内部效度和外部效度。内部效度是研究中的自变量与因变量之间关系的明确程度，如果因变量的变化没有受到其他变量的污染，只是受到了自变量的影响，那么该实验设计就具有更高的内部效度。内部效度的获得，需要消除与研究目标无关的变量的影响。往往是实验设计越周密，其内部效度越高。外部效度则是指社会心理学实验结果适用于解释日常社会行为的程度，即研究结果的概括程度，概括程度越高，其外部效度越高。值得注意的是，内部效度高的实验情景往往与真实情景不同，其实验结果对现实情景中社会行为的概括能力有时会很差，导致出现外部效度低的情况。

由此可见，内部效度与外部效度之间存在负相关，内部效度越高的实验，其外部效度有可能越低。当然，内部效度与外部效度都很高的实验也存在，这就需要提高社会心理学家的实验设计能力。

（三）信度

所谓信度，是指测量结果的稳定性或可靠性，即测量分数的可重复性。假如研究者使用同一份问卷测量甲对乙的态度，相隔一周（或更长时间）所得测量结果非常接近，那么则表明本次测量的再测信度可能很高；相反则需要重新评估测量工具的信度问题。有时候，测量结果不稳定也有可能是源于所测量对象已经发生了变化。

测量的信度与效度之间既有区别又存在联系，效度主要解释测量的有效性和正确性问题，信度主要描述测量结果的可靠程度与稳定程度。一般来说，信度是效度的基础，效度是信度价值的保证。一方面，一种测量只有首先是稳定的，然后才可能准确，准确而不稳定的测量只会出现在极其特殊的情况下；另一方面，如果测量结果稳定，但是没有效度的话，该测量也没有价值。在社会心理学研究中，好的研究应该是既有信度又有效度，测量方法具有稳定性，同时又能实现测量目标，这样的研究价值自然高；相反，信度与效度缺失任何一方都算不上好的研究。

三、社会心理学的具体研究方法

在社会心理学研究中，常见的研究方法如图 1–1 所示。

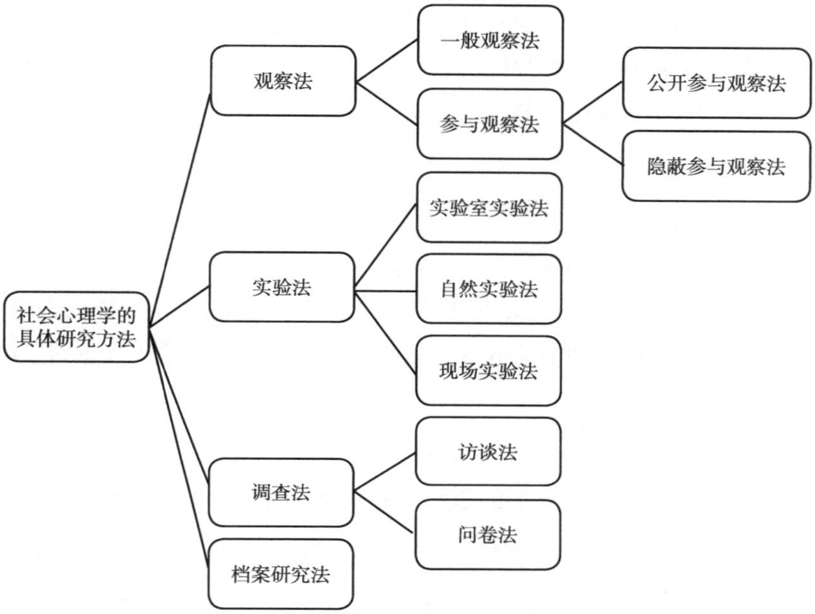

图 1–1　社会心理学的具体研究方法

（一）观察法

几乎每个人都有过对他人（或者自身）的社会行为进行观察的经历。而观察法则是依据特定的原则，使用科学的方法对社会行为进行客观、准确的观察。观察法是人类学家和动物行为学家的常用方法，其主要特点是研究者在不进行任何干预的情况下，客观观察并记录事实。早期的社会心理学家使用观察法较多，进入确立期之后，观察法的使用大大减少了。近年来，随着研究者对实验法外部效度的怀疑以及观察工具的现代化，观察法在社会心理学研究中受到一定程度的重视。观察法看起来似乎并不复杂，但是要得到研究结果，研究者应该事先有明确的目标和要求，设计好观察程序并做好观察记录。观察和记录的方法有很多，除了早期常用的笔记以外，现代的录音、录像技术都可以用于观察法。

根据观察者是否参与正在观察的活动之中，可以将观察法分为一般观察法和参与观察法。一般观察法也称为自然观察法，是指研究者在不进行任何干预的情况下进行观察并记录研究内容，研究者不参与所观察的行为之中。参与观察法与一般观察法的不同之处在于：研究者首先要参与正在观察的行为之中，然后，客观观察并详细记录正在参与的社会行为。在一些早期关于特定群体的参与观察中，研究者通常都作为群体一员参与群体的活动，与此同时，对该群体及其成员的行为进行观察与记录。此时，如果群体其他成员知道他们的行为正在被观察和记录，那么可以称为公开参与观察法；如果其他成员不知道他们的行为正在被观察和记录，那么这种形式就是隐蔽参与观察法。通常情况下，隐蔽参与观察法更易获得有关群体成员活动情况的真实资料。但是，一方面不容易做到真正隐蔽；另一方面隐蔽观察还会遭遇研究伦理的潜在困境，所以需要谨慎使用隐蔽参与观察法。

观察法的优点与缺点都比较明显，其主要优点在于它的现实性。它主要研究在现实生活条件下有关行为发生的过程，没有研究者人为安排的场景，而且这种研究可以在长时间内进行，因而能够得到有关行为发生顺序和发展过程的资料。其主要缺点有：第一，由于观察者对自变量缺乏控制，所以难以得出因果关系的结论；第二，在使用观察法时，如果被观察者意识到他们正在被人观察，那么其行为表现就有可能发生变化，使观察结果偏离实际情况；第三，观察者的结果预期与价值观都有可能会影响观察的过程及结果。

（二）实验法

实验法是一种非常重要的研究方法，也是当前社会心理学研究中最主流的研究方法。应用实验法时，自变量被加以系统地改变或控制，从而能确定这种自变量是否影响因变量。实验法有别于其他研究方法的重要特点在于：对所研究的情境给予一定程度的控制，突出自变量和因变量之间的关系，尽可能防止无关因素的干扰。研究者为了做到这点，需要对被试进行随机分组，对于那些有可能影响被试行为表现的其他因素加以控制。实验法既可以在实验室里使用，也可以在其他场合使用。根据实施的环境、控制的方法和程度不同，实验法可以分为实验室实验法、自然实验法和现场实验法 3 种形式。

1. 实验室实验法

实验室实验法是在特定的实验室条件下进行的，其基本特点是能对所研究的情境给予很高程度的控制，能够最大限度地突出自变量的影响，防止无关因素的干扰。正因为如此，实验室实验法通常可以明确自变量与因变量之间的因果关系。

实验室实验法的优点在于：首先，实验者能够更好地控制实验变量，通过这种控制，可以达到消除无关变量影响的目的；其次，实验者可以随机安排被试，使他们的特点（如性别、年龄、职业、个性特点等）在各种实验条件下达到均衡，从而辨别出自变量和因变量之间的因果关系。与此同时，实验室实验法也有很大的缺点：首先，在实验室条件下所得到的结果缺乏概括力，即外部效度较低。其次，实验室条件与现实生活条件相去甚远。最后，在实验室环境中难以消除被试的反应倾向性和实验者对被试的影响。

实验室实验法由于可以做到严格的控制，进行精确的测量，统计信度高，可重复验证，因而曾经被认为是“标准”的研究方法。但是，近年来人们日益觉察到它的严重缺陷。正如美国社会心理学家 G. 奥尔波特指出的那样，“这里有一个严重的缺陷：巧妙的实验往往缺乏概括力。……当前许多研究似乎只能说明在特定条件下研究的小范围现象，即使实验可以成功重复，也没有证据表明具有较广泛的效度。正是由于这个原因，当前的一些研究似乎只停留在漂亮的细节——经验主义的片段上，仅此而已”。

2．自然实验法

自然实验法是介于观察法和实验法之间的一种研究方法，所以有人把它列入观察法，也有人把它归为实验法。自然实验法的特点是所研究的变量不是由实验者操纵的，而是由环境提供的。实验者只是利用一定条件进行实验研究，研究情境中的事件是按照自然顺序进行的。这种方法大大减少了实验室实验法的人为性，如果条件恰当，无疑是社会心理学研究的理想方法。这种方法既有良好的内在效度，又有较高的外部效度，因为它是由真实个体在现实社会环境中表现出来的社会行为，而不是研究者人为控制的行为。自然实验法的缺点是：由于实验控制不严格，难免会有其他因素掺杂进来，因此不容易确认因变量的变化完成是否由自变量引起的；另外，因为研究工作要跟随事件发展的自然顺序进行，所以完成自然实验所需要的时间可能会更长。

3．现场实验法

现场实验法与自然实验法的不同之处在于：现场实验对于自然环境进行了一定的控制，研究者在实验现场呈现一定的刺激，然后观察被试的反应。例如，如果要研究噪声水平对于利他行为的影响，就可以采用现场实验法，在室外的自然环境中，人为呈现 3 种不同水平的噪声：第一种是低噪声水平，恰如平时人们在安静环境中工作的情形；第二种是中等强度噪声水平，此种条件会让参与者开始感到不舒服；第三种是强烈的噪声水平，这种水平的噪声会让身处现场的人感到很不舒服。人为呈现的噪声源既可以是讲话的声音、草坪上除草机的声音，也可以是正在砸开路面的风镐噪声。在不同噪声背景下，安排一种需要他人帮助的场面。

现场实验法的优点在于：首先，由于那些正好路过的行人不知道自己充当了被试的角色，所以不会产生被试效应（即当被试感知到实验目的或者对实验结果产生预期后，在实验进行时以完成实验目标或实现结果预期的方式做出反应）；其次，由于控制了自变量，更容易发现实验中自变量与因变量之间的因果关系。表 1–1 是对实验室实验法和现场实验法优点和缺点的比较。可见这两种方法各有利弊，研究者可以根据不同的具体研究课题选用不同的方法，也可以把两种方法结合起来使用，以得出更有效的实验结果。

表 1–1　实验室实验法与现场实验法的比较

实验法	优点	缺点
实验室实验法	（1）对自变量高度控制 （2）被试的报告效率较高 （3）无关变量受到较好控制 （4）知情同意更符合实验伦理	（1）实验情景的人为性强 （2）可以出现被试效应 （3）被试人数受到限制
现场实验法	（1）实验情景的现实性强 （2）能广泛地观察被试反应 （3）可以避免被试效应	（1）对自变量控制程度较低 （2）存在无关因素影响 （3）被试参与实验前不知情

（三）调查法

调查法又称询问法。它的基本做法是研究者拟定一系列问题，向被调查者提出，要求他们逐一做出回答，然后调查者整理所获得的资料，从中得出研究结果。根据调查的方式不同，可以将调查法分为口头调查和纸笔调查，口头调查又称为访谈法，纸笔调查又称为问卷法。访谈法是研究者亲自访问被调查者，向他们直接提问，并对回答进行记录；问卷法则是以书面形式向被调查者提问，让他们填写问卷。

采用调查法进行社会心理学研究时要注意3个问题：第一，要注意研究范围，有针对性地设计问卷。问卷中所提问题要能够反映研究者的目标，即调查问卷具有效度；第二，提问的形式、语气、用语要适当，提问要避免给被试造成暗示性，调查语言不能过于书面化，要准确简明；第三，要注意抽样问题。实验法只要求对招募来的被试进行随机分组，但调查法要求样本具有代表性，最好能够在总体中进行随机抽样。

（四）档案研究法

档案研究法也可以说是一种特定的调查法，它与一般的调查法的不同之处在于不是对当前数据进行调查，而是利用现存的档案材料进行分析，得出结论。档案材料可以包括传记或日记、报纸的报道、政府或团体的文件记录，以及书刊、个人信件、讲演等。因为这些材料最初不是为专门研究某个问题而准备的，所以研究者需要对其进行加工整理。

档案研究法的优点是：第一，可以使研究者在较长的时间内和较广阔的空间中验证假设。有些记录可以追溯到几百年甚至更长时间以前，这是其他方法办不到的；第二，可以从不同文化、不同时代的角度去检验假设，提高了研究的有效性；第三，由于不直接面对研究对象，所以不会出现研究对象的反应倾向问题。而档案研究法的缺点则包括：第一，要找到档案材料来验证研究者的假设并不容易；第二，受到材料内容的限制，档案研究法的可靠性难以保证。

四、社会心理学研究中的偏向问题及伦理问题

（一）偏向问题

1．研究者的偏向

在具体的研究工作中，研究者常会带有对研究结果的期望，这种期望会自

觉或不自觉地表现在与被试的相互作用中。例如，研究者的面部表情、身体姿势和动作、讲话的语气都可能无意中影响被试在实验中的表现，从而使实验结果产生偏差。这种倾向性在各种研究方法中都有可能出现，而以实验室实验法表现最为明显，因此又可以称为实验者效应。对研究者可能出现的这种倾向，可以采取一些办法加以避免，如采用参与观察法、用录音带播放指导语、采用双盲实验等。

2．被试的偏向

在社会心理学的研究中，被试的偏向来自两个方面：一是所谓的“要求的特征”。当被试知道自己正在成为被试被人研究时，就有可能使自己的行为表现不同于平时；二是所谓的“对评价的担心”，即被试害怕自己在研究中表现不好或者不符合研究者的要求，因而想尽量表现得“正确”，有意或无意地迎合研究者的要求。被试的偏向容易导致被试效应，即被试一旦感知到实验的目的或者对实验结果产生预期，就会有意或无意地达成实验目的或者实现其对实验结果的预期。被试的偏向很难完全消除。但研究者有义务尽最大努力地消除被试的偏向的负面影响。尽量不要让被试对实验结果产生期望，更要避免主试行为所造成的不必要暗示，使被试在实验中的反应与日常情况更加接近。

（二）伦理问题

所谓伦理是指协调人与人之间关系的道德准则。社会心理学是以人作为研究对象的学科，研究中涉及主试与被试的复杂关系。社会心理学研究者控制着整个研究过程，他们给被试安排活动，通常还会付给被试一定的报酬，所以研究者是整个过程的绝对权威，他们的行为需要特定伦理原则来加以指导，一旦超越了伦理规范，就可能会导致伦理灾难与道德困境。有关社会心理学研究的伦理问题，人们经常会提及“米尔格拉姆的服从权威实验”与“斯坦福监狱实验”，这两项实验虽然得到了非常具有启发性的研究结论，但是也给参与实验的被试造成了持久性的伤害。

1．欺骗被试

为了获得被试的自然反应，实验者可能会以欺骗的方式来控制被试的反应。

例如，有的研究者想了解当被试产生内疚感之后，其行为会有哪些变化。于是在其实验中，当被试在操作贵重的实验仪器时，他们故意使实验仪器呈现被损坏的样子，并且通过各种方式让被试认为这种损坏是由于自己的操作不当而造成的，借此控制被试产生内疚感，然后再观察其相关的行为反应。此外，大多数人以为被试的社会心理学研究都应该遵守被试知情同意的原则，但是有的社会心理学家担心被试知道实验目标之后出现被试效应，也有可能选择欺骗的方式来对待被试。对被试的欺骗，会使研究者不可避免地处于伦理困境之中。

2．侵犯个人隐私

隐私是与群体利益无关的、当事人不想让他人知道的个人信息。然而，收入、年龄，甚至隐私行为的模式都有可能成为社会心理学家所关心的问题。相关研究的正当性可能会受到人们的质疑。

3．持久性伤害

在所有伦理问题中，持久性伤害可能是社会心理学家所面临的最严重的伦理问题。例如，在 S. 米尔格拉姆（S. Milgram）设计的服从权威实验中，实验被试在主试的要求下，对无辜者施加了强度非常高的电击。虽然他们在研究结束之后被告知：实验中的电击是假的，没有人因此而受到伤害。但实验被试却因为自己在实验中的可怕行为而普遍感到不安和内疚，他们对自己和他人的信念因为实验受到严重的冲击，有的人或许在实验结束很长时间以后依然会感到内疚和忧伤。再例如，在 P.G. 津巴多（P.G.Zimbardo）设计的斯坦福监狱实验中，被试随机获得了“狱警”或“囚犯”的身份，但是实验的推进使他们的行为越来越符合自己承担的实验角色，扮演囚犯的被试自尊下降，而扮演狱警的被试对他人实施了越来越严重的攻击。有研究者认为，这些实验所带来的负面反应可能存在持久性影响。

综上所述，伦理困境是以人为被试的社会心理学研究经常面临的问题。1973 年，美国心理学会公布了《以人进行研究的伦理原则》，其中很多原则同样适用于社会心理学研究。

（1）公开和诚实是研究者和被试之间关系的主要特点。当一项研究在方法上要求隐瞒和欺骗时，研究者应该使被试了解这一行动的理由，并且在事后恢复研究者和被试之间的关系特点。

（2）合乎道德的研究者要保护被试免受生理上和心理上的不适、伤害和危险。如果仍然存在这种可能，那就要求研究者把这个事实告诉被试，在实验进行之前征得他们的同意，并且采取一切必要的措施把不幸减少到最低限度。如果某种实验方法有可能使被试受到重大的和永久性的伤害，那就不要采取这种实验方法。

（3）资料收集完之后，伦理原则要求研究者向被试充分说明实验的性质，消除实验可能给被试带来的错误观念。研究者必须保证实验不会给被试带来任何有害的后果。

第三节　社会心理学发展简史

社会心理学的发展同许多社会科学分支学科相似，大致经历了 3 个时期：孕育时期、形成时期和确立时期。在孕育时期，所有社会科学分支都孕育在哲学的母体中，经济学、社会学、法学、政治学和心理学等相关学术思想都以哲学的形式存在。形成时期是指这些学科逐渐独立成形，开始形成了自身的理论与研究方法，其与哲学学科的分化越来越明显，即将成为一门独立的学科。确立时期是指现代社会科学门类建立之后的发展阶段，它们成为与哲学并列的学科体系，并在特定范式的指导下飞速发展。

美国当代社会心理学家 E. P. 霍兰德（E. P. Hollander）在他所著的《社会心理学的原则与方法》（1971 年）中把社会心理学的发展历程分为 3 个阶段：社会哲学阶段、社会经验化阶段和社会分析论阶段，一般来说，这种划分方法与本书所描述的 3 个时期相对应。社会心理学的孕育时期、形成时期和确立时期有着自己独特的标志，这也是它不同于其他社会科学分支学科发展历程的差异之一。值得一提的是，自 20 世纪 80 年代以来，社会心理学进入一个新的发展时期。在此阶段中，它开始逐渐突破了实验心理学范式的限制。

一、社会心理学的孕育时期

社会心理学的孕育时期指的是它孕育在哲学母体之中、还没有独立成形的阶段。从发展时期来看，从古希腊时期到19世纪上半叶，都可以视为它的孕育时期。此时，社会心理学依附于西欧思辨哲学的母体之中。而在哲学这一大学科母体中，我们找不出纯粹的社会心理学研究，不过很多思辨研究中的思想观点都已经涉及社会心理学这个领域。例如，关于人性的哲学争论、关于人格培养的想法、关于自我的探索、关于说服与态度劝导的总结、关于社会化的论述以及关于人际关系的思考等。

在孕育时期，很多基本的社会心理学论题已经被哲学家提出，并且进行了较为深入的讨论。在所有这些哲学探讨中，关于人性的哲学争论和关于社会化的论述相当具有代表性，形成了现代社会心理学研究的两条基本线索。第一条基本线索源于古希腊的苏格拉底和柏拉图。他们认为人性虽不能摆脱生物遗传的纠缠，却会受到环境和教育的深刻影响。因此，柏拉图在《理想国》中企图设计一种社会，使其中的孩子因适当的教育而得到有利塑造。这种观点被康德、歌德和卢梭等所继承，并得到进一步发展。例如，卢梭的《爱弥尔》一书中的爱弥尔就是理想社会教育出来的理想少年；B. F. 斯金纳（B. F. Skinner）的《超越自由与尊严》和《沃尔登第二》等一系列著作也出自同一母题。第二条基本线索源于亚里士多德。他认为社会源于人的本性，而人性又是由生物和本能力量所支配。因此，通过改变人的本性而建立理想国的想法不可能实现。这一思想对现代心理学的诸多领域产生了重要的影响。例如，S. 弗洛伊德（S. Freud）的“心理动力说”部分受到亚里士多德《诗学》中“宣泄说”的启发。G. 奥尔波特认为，柏拉图和亚里士多德都是“在哲学知识内部建立了社会心理学的主题思想”的创始人。

社会心理学研究在孕育时期的基本特点是使用哲学思辨的探索方法。此时的思想家有关社会心理的思想，主要是通过哲学思辨的方式获得的。他们也需要观察，但是观察法不是他们的主要研究方法，此时更没有调查方法与实验方法。思想家在日常生活中获得思维素材之后，使用逻辑与思辨的方法加工这些思维素材，并形成自己的观念或理论。因此，哲学思辨成为孕育时期的社会心理学思想的主要来源。

二、社会心理学的形成时期

从 19 世纪中叶到 20 世纪初，这一阶段可视为社会心理学的形成时期，也就是 E. P. 霍兰德所谓的社会经验论阶段。在这一时期，社会学与心理学两大学科已经先一步形成，并且开始在某些领域内融合。社会心理学是在社会学和心理学分别脱离哲学母体之后，又从这两门学科中应运而生的一门边缘学科。当社会心理学有了新的理论基础和研究方法范式之后，便在社会学与心理学的交叉之下开始形成了。社会心理学的形成时期才具备使之逐渐独立成形的各种必要条件。

在 18 世纪下半叶和 19 世纪初，资本主义的经济变革所导致的大动荡促使各国用已经出现的“政治数学”和人口统计来考察人口、死亡率、家庭收入、生活状况、犯罪类型等社会问题，在这些社会调查中，有不少问题已涉及社会心理学的研究课题。虽然他们并不是社会心理学研究者，也没有意识到他们所从事的研究是关于社会心理学方面的，但在后人看来，他们是“社会心理学研究的头一批样板”。①

从理论来源上来看，社会学对社会心理学的研究兴趣在很大程度上归功于社会学中的心理学派。1838 年，自法国实证主义哲学家 A. 孔德（A. Comte）创立社会学以来，早期社会学家力图用生物学中的进化论思想解释社会机制，这种“生物还原主义”在 H. 斯宾塞（H. Spencer）的著作中得到进一步发挥，成为社会学历史中的“有机学派”。而后，生物还原论的失败迫使他们运用心理学的规律解释社会，这种心理规律决定社会过程的研究思路虽然未能在社会学研究中发展成为主流，却为社会心理学的诞生打下了思想基础。

与社会学不同，在形成时期的心理学对社会心理学的兴趣没有太多的直接表现，而是先在精神病学和变态心理学中有所反映。早在 1842 年，由 J. 布雷德（J. Braid）进行的催眠术实验成为“解释社会心理现象的基础”。1890 年前后，学者们又开始将精神分裂归因于社会行为。② 这些奠定社会心理学理论的基石都产生于 W. 冯特（W. Wundt）创立的民族心理学之前。应该说，社会心理学在形成时期受到早期心理学研究的一系列重大理论与实践活动的推动，这些理论与实践主要来

① ［美］卡尔·拉特纳，1984. 美国社会心理学的历史与现状［J］. 中国社会科学，（2）：214.

② ［美］萨哈金著；周晓虹等译，1991. 社会心理学的历史与体系［M］. 贵阳：贵州人民出版社 .

自欧洲，当然美国心理学界对社会心理学的形成也有一些重要贡献。如果将这些理论源泉稍做归纳的话，德国的民族心理学、法国的群众心理学、英国的本能心理学、美国心理学界的实用主义思潮和实验法的开拓性使用都起到了非常重要的作用。

正是由于德国的民族心理学对社会心理学形成具有重要影响，德国成为社会心理学正式诞生的重要溯源地之一。早在 1859 年，德国人 M. 拉扎勒斯（M. Lazarus）和 H. 斯坦达尔（H. Steinthal）创办了《民族心理学和语言学》杂志，并发表了《民族心理学序言》，成为民族心理学的创始人。这标志着社会心理学进入形成时期。1875 年，德国学者 A. 舍夫勒（A. Scheffler）第一次在现代意义上使用了“社会心理学”这一术语，他在《社会躯体的结构及其生活》一书中论述了社会生活中的心理状况或民族意识的一般现象。冯特在其生命的最后 20 年中（1900—1920 年）开始创作《民族心理学》。虽然这部 10 卷本的著作在影响力方面不如他创立的个体心理学体系那么深远，却成为社会心理学的重要来源之一。

法国的群众心理学是法国早期社会学研究的直接产物。代表人物是 G. 塔尔德（G. Tarde）、E. 迪尔凯姆（E. Durkheim）和 G. 黎朋（G. LeBon）。G. 塔尔德主要从事法理学和犯罪学的研究，他在社会心理学方面值得一提的是，在其所著的《模仿律》（1890 年）中创设了模仿论。1% 的人发明创造新行为，其他人跟着模仿，就有了风俗（对过去事情的模拟）和时尚（对现有事情的模拟）。

由于 G. 塔尔德将模仿看作是最基本的个人活动，因此群体行为也被解释为是个体行为的结果。E. 迪尔凯姆的理论观点恰好与 G. 塔尔德相反，E. 迪尔凯姆始终认为应该用群体事实来解释个体行为。他认为群体意识绝不是个体意识之和，群体意识一旦形成就具备了个体意识所没有的特点，并决定着个体意识的形成与发展。E. 迪尔凯姆在《社会劳动分工论》中写道：“集体意识是独立于个人置身其间的特殊情况的；个人消逝了，它仍旧存在。”G. 黎朋在群众心理学上的某些观点和 E. 迪尔凯姆相似，“他的群众心理统一律并不意味着一群人仅仅是其成员的平均数或集合体”，而“有某种新的东西出现”[①]。但 G. 黎朋对感染、暗示的论述又受到 G. 塔尔德的影响。E. 迪尔凯姆和 G. 黎朋的理论都在美国社会学家 E. 罗斯（E. Ross）那里得到继承与发展，在 E. 罗斯出版的《社会心理学》一书中系统地论

① ［美］查普林，克拉威克著；林方译，1984. 心理学的体系和理论（下）［M］. 北京：商务印书馆 .

述了社会学家对社会心理学的重要观点。

英国的本能心理学沿着达尔文的进化论的线索，探讨了个体行为的动力问题。1908 年，W. 麦独孤（W. McDougall）在《社会心理学导论》一书中提出：本能是一切社会行为的基础，诸如求食、拒绝、求新、逃避、斗争、母爱、合群、支配、服从、创造、建设等 18 种本能，可以衍生出全部社会生活和社会现象。而作为人类行为的基础，本能又有相应的情绪和后天形成的情操相伴随，情操能够控制本能和情绪。

1897 年，美国人 J. M. 鲍德温（J. M. Baldwin）以“一种社会心理学研究”作为《心理发展的社会和伦理解释》一书的副标题，描述了个人是个体化了的社会我，是社会的组成部分，也是社会塑造的结果。同年，N. 特里普利特（N. Triplett）在《美国心理学杂志》上发表了第一篇社会心理学的实验报告，他对骑自行车人的单独行驶、结伴行驶以及竞赛的速度进行了测量和对比研究，提出了“结伴效应”。有种观点认为，这一事件应该作为社会心理学正式诞生的标志。

形成时期的社会心理学还算不上一门独立学科，直到它正式诞生之后才作为一门独立学科存在。对社会心理学正式诞生于哪一年的问题，目前还没有共识，但有 3 种观点可以作为参考。第一种观点认为：1897 年发表的第一篇社会心理学实验报告是社会心理学正式诞生的标志，因为这一事件代表着实验方法在社会心理学领域中的开拓性尝试得到了学界的认可，并且实验方法逐渐发展成为这一学科的主流方法。第二种观点认为：实验方法在社会心理学研究领域的主流地位，是由 F. H. 奥尔波特在 1924 年出版的《社会心理学》所奠定的。在这本专著中，奥尔波特系统地应用实验方法来开展社会心理学研究，毫无争议地成为实验社会心理学取向的奠基人。因此，1924 年应是社会心理学正式诞生的时间。第三种观点认为：1908 年，当英国的心理学家威廉 · 麦独孤和美国的社会学家 E. 罗斯不约而同地出版同名教科书时，社会心理学作为一门独立学科正式诞生了。可以说第三种观点更具有浪漫色彩，而且认为社会心理学是社会学与心理学共同作用的产物，仅以心理学取向的重要事件作为诞生标志存在偏颇，本书更倾向于支持第三种观点。

三、社会心理学的确立时期

前面介绍了社会心理学在形成时期的理论基础，这些理论本质上还是社会学或心理学理论，并不是社会心理学自身研究出的理论。另外从研究方法上来看，它也开始摆脱了哲学思辨方法的限制，探索实证研究方法的使用。社会学取向的社会心理学研究主要使用的是观察法与经验描述法，这也是当时社会学与其他社会科学研究的主要方法；而心理学取向的社会心理学研究开始尝试使用实验法。无论是观察法还是实验法，在社会心理学形成时期都算不上完善，当这些实证方法逐步发展完善起来，在社会心理学内部奠定了方法论与具体方法的基础，并催生了本学科内部形成的理论之后，社会心理学才真正进入下一阶段，即确立时期。

社会心理学进入确立时期以后有两个重要特点：第一是实证研究方法在本学科内部成为主流方法；第二是形成了自己的理论，这在确立初期主要表现为实验社会心理学和符号互动理论。从 20 世纪 20 年代起，伴随着各种实证研究手段的系统运用，社会心理学完成了在其发展历史上最具有革命性的转折，即由“社会经验论”阶段进入“社会分析论”阶段，或者说从形成时期进入确立时期。其主要特征是：从经验描述转变为实证研究；从定性分析转变为定量分析；从纯理论取向转变为应用取向；从关注大群体转变为关注小群体。这一系列转变都说明社会心理学开始建立科学的研究范式。

（一）奥尔波特与实验社会心理学

1897 年，N. 特里普利特发表了他人在场和竞争情景对个体行为及其效率影响的实验报告；1913 年，德国的 W. 莫德（W. Moede）开展了关于群体对个体行为影响的实验研究。受他们的影响，F. H. 奥尔波特在 1916—1919 年进行了一系列关于他人在场的实验研究，并提出“合作群体中存在的社会刺激会使个人工作在速度和数量方面有所增加。这一增进在涉及外部物理运动的工作中要比纯智力工作中表现得更为突出”[①] 的结论。奥尔波特在实验研究的基础上提出了社会促进的概念，

---

① 奥尔波特著；赵演译，1931. 社会心理学［M］. 上海：商务印书馆 .

并将自己的实验研究成果整合到自己的专著《社会心理学》之中。除了研究社会促进之外，奥尔波特还用实验方法研究了从众、群体态度和人格特征等问题，其中有些已经成为社会心理学的经典实验。奥尔波特所创立的实验社会心理学是心理学取向的主要标志，他综合前人成果所建构的社会心理学实验方法及其相关研究成果都具有开创性的意义。

（二）乔治·米德的社会学传统

奥尔波特创立的实验社会心理学虽然被视为社会心理学进入确立时期的主要标志之一，但是作为一门研究人类自身行为的学科，仅用自然科学取向的实验方法来研究社会行为显然具有较大的局限性。此外，社会心理学理论在该学科内部处于何种地位的问题，也随着实证研究的兴起变得越来越突出。[①] 可以说从 19 世纪末到 20 世纪初，以 G. H. 米德为代表的美国社会学家所从事的理论研究在一定程度上弥补了这一不足。

米德的理论兼有哲学、社会学和社会心理学的色彩。从内容上来看，他将原先社会学家对社会的宏观研究缩小到微观研究，即将社会行为看作两个人或多个人的社会互动。米德的思想被其后的 H. G. 布鲁姆（H. G. Blumer）命名为“符号互动理论”，成为代表社会学取向的重要理论，此后直接孕育了 20 世纪四五十年代所出现的诸多社会心理学理论。例如，T. R. 萨宾（T. R. Sarbin）的社会角色理论、H. H. 海曼（H. H. Hyman）的参照群体理论、E. 戈夫曼（E. Goffman）的社会戏剧理论和 E. M. 莱默特（E. M. Lement）的社会标签理论，都与符号互动理论有着非常密切的联系。

社会学家所做的社会心理学的经验研究也能与心理学家的实验室研究相媲美。例如，社会学家在 20 世纪三四十年代所进行的有关社区心理和社会流动的调查，代表作包括 R. 林德（R. Lynd）夫妇的《中镇》，其揭示了“一个人所占据的阶级位置是决定其世界观的最重要因素”。1935 年，美国社会学家 G. H. 盖洛普（G. H. Gallup）运用分层抽样方法进行的民意测验调查，促进了民意测验在美国的迅速发展。

---

① ［苏］安德烈耶娃，1987. 西方现代社会心理学［M］. 北京：人民教育出版社 .

四、第二次世界大战与现代社会心理学

第二次世界大战深深地影响了社会心理学的发展进程，以美国为例，一方面战争的爆发刺激了相关社会心理学研究的繁荣；另一方面社会心理学也直接服务于战争的需求。“二战”及其后一段时间，社会心理学的主要课题涉及信仰、偏见、说服、宣传、态度改变及大众传播等方面。例如，C. I. 霍夫兰德（C. I. Hovland）在“二战”中进行了沟通、说服以及态度改变的研究；P. 拉扎斯菲尔德（P. Lazarsfeld）对“二战”时期美国总统选举进行了调查，并在 1944 年提出了二级传播理论；而 S. A. 斯托弗（S. A. Stouffer）等通过对美军人员的素质及心理状况的调查，提出了相对剥夺的概念。

“二战”之后，社会心理学也可以称为现代社会心理学，其研究范围触及人际关系、人格特征对社会行为的影响，其中 L. 费斯汀格（L. Festinger）的认知失调理论具有较大影响。此外，小群体研究也有较大进展，如领导方式、竞争与合作等方面都有涉及。进入 20 世纪 60 年代的社会心理学，在美国达到了鼎盛时期。1968 年出版的《社会心理学手册》有 5 卷，约 250 万字。此时，在美国，社会心理学专业相关领域的从业人员多达 5000 人。社会心理学被广泛应用于学校、医院、企业、家庭等，研究课题也更加广泛。本学科的理论建设在此期间也有所成就，社会学习理论、社会认知理论和社会角色理论先后崛起，尝试对社会行为进行新的解释。

进入 20 世纪 70 年代以后，社会心理学开始面临解释力的危机。这次危机源于当时的社会动荡与革命，以美国为例，主要表现为黑人民权运动、女权运动、反战运动以及青年运动等，这些运动导致社会大动荡。而一度得到民众重视的社会心理学，却未能很好地解释这些社会现象。社会现实呼吁社会心理学家走出实验室与书斋，到社会现实中去研究和解释最迫切的社会问题。

对于这次解释力危机，社会心理学家经过讨论之后认为主要有 3 个方面的原因：

（1）理论定向问题。由于西方社会心理学主流研究基本上是以个体作为中心，最终导致忽视了个体与社会的统一，因此也难以将这门学科应用于社会。

（2）研究方法问题。实验方法在社会心理学中占据主流地位，是这门学科独立

的重要标志之一。但实验室实验的局限导致社会心理学研究脱离社会现实。而且“实验室所做实验有人为化的弊病”[①]，从而使社会心理学的研究过于抽象。G. 墨菲（G. Murphy）也认为，“从实验室中的‘社会助长’问题研究到理解校园内的动乱或国际间的仇恨还有很长一段距离”[②]。

（3）社会期望问题。由于社会心理学和现实生活密切相关，造成了社会公众对这门学科寄予过高的期望，而社会心理学的发展并没有也不可能在短期内与社会现实保持同步的发展。总之，这些问题都说明现代社会心理学还不是一门相当成熟的学科。

值得一提的是，进入确立时期的社会心理学研究中心在美国，美国社会心理学研究开始成为主流社会心理学的代表。即使在社会心理学正式诞生的发源地欧洲，也受到美国社会心理学研究范式的重要影响。这种状况直到 20 世纪 60 年代中期开始有所变化。一批欧洲社会心理学家提出了建立欧洲社会心理学的主张。经过 50 多年的不懈努力，当前欧洲社会心理学在研究视角、研究方法以及理论创新方面都有所收获。2001 年《社会心理学手册》正式出版，这标志着欧洲社会心理学成功解构了美国社会心理学的霸主地位，与美国社会心理学一起成为当今世界社会心理学研究的主流。[③]

五、我国社会心理学的发展

20 世纪 20 年代左右，社会心理学开始在我国萌芽。我国随后出版了 100 多种相关著作。这些著作涉及范围很广，仅从题名上看就涵盖了恋爱、信仰、民族性格、革命、群众、政治、妇女、教育、社会意识、变态心理、人生、民族性与进化论、观念形成、态度测量、理想形成、战时心理、宣传、谣言、管理、职业和社会心理学史等诸多领域。

1979 年 5 月 31 日，《光明日报》上发表了一篇名为《建议开展社会心理学研究》的文章，此后短短的几年时间里，有一批来自其他学科的学者加入了

① ［美］卡尔 · 拉特纳，1984. 美国社会心理学的历史与现状［J］. 中国社会科学 .

② ［美］G. 墨菲，J. 柯瓦奇，2009. 近代心理学历史导引［M］. 北京：商务印书馆 .

③ 方文，2002. 欧洲社会心理学的成长历程［J］. 心理学报（6）.

社会心理学研究队伍。1982 年 2 月，吴江霖教授应邀到北京大学和南开大学讲授社会心理学，他系统地讲授了社会心理学的历史、基本原理及其在中国的发展历程等内容。1983 年 9 月，受教育部委托，南开大学社会学系举办了首届社会心理学教师进修班，来自全国各地高校与科研单位的 40 多名教学和科研人员参加了进修。1984 年 9 月，费孝通教授、吴泽霖教授和孔令智教授在南开大学，吴江霖教授在广州师范学院分别招收了全国第一届社会心理学硕士研究生；1988 年，陈元晖教授在中国社会科学院社会学研究所招收了第一届社会心理学博士研究生。根据不完全统计，2015 年招收社会心理学或应用社会心理学方向硕士研究生的大学或研究机构约有 50 家，招收社会心理学方向博士研究生的大学或研究机构约有 20 家，它们为发展当代中国社会心理学培养了具有坚实学术功底的后备人才。

1982 年 4 月，中国社会心理学研究会在北京正式成立，共有 170 名与会代表见证了研究会的成立仪式，他们共同通过了《中国社会心理学研究会暂行章程》。同年 9 月，中国社会心理学研究会改名为中国社会心理学会。将分散的具有相同研究兴趣的学者密切地联系在同一阵营之中，建立了一所无形学院。时至今日，中国社会心理学会（CASP）已经发展了 7 个委员会（含 1 个编委会），还拥有包括北京、天津、上海、广东、广西、湖南、湖北、浙江、江西、安徽、黑龙江、河北、江苏、内蒙古、山东和山西在内的 16 个团体会员和大约 2200 名个人会员，并定期开展学术交流活动。

1983 年，南开大学组建了我国第一个社会心理学教研室；1985 年，中国社会科学院社会学研究所也组建了社会心理学研究室；1987 年，南开大学设置了我国第一个社会心理学实验室；1995 年，吉林大学哲学社会学院成立了我国第一个社会心理学系，2003 年，南开大学也成立了社会心理学系。此外，北京大学、北京师范大学、中国人民大学、广州师范学院、北京市社会科学院、中国管理科学研究院、天津市社会科学院、华中师范大学等单位也都成立了社会心理学教学或研究机构。在各地涌现的教学与科研单位及其研究者们构成了当代中国社会心理学研究的重要力量，他们连同一些心理学者、社会学者、教育学者等共同推动了当代中国社会心理学的发展。

纵观社会心理学在我国的发展，可以发现学术引进、学术自主、学术开放交织在一起，并依次成为我国社会心理学研究的发展主线。学术引进是一种单向的学术交流活动，主要是指我国学者介绍、学习、借鉴国外已有的研究成果，并将之作为当代中国社会心理学的框架和主要内容。

学术自主，是近年来我国学者逐渐有所接受和发扬的一种学术观点，其主要目标是：要实现我国社会心理学的自主建构，就必须把研究置于我国社会现实的环境基础之上，依靠我国学者自身的努力才行。科学社会心理学不是我国传统文化的产物，因此，它在我国的发展非常容易与需要它解释的社会现实脱钩，成为“象牙塔”内的展览品，或者沦为社会心理学知识生产国的中国分支。因此，学术自主要求我国学者开展相关研究时，必须服从“中国社会的需要”，而不能仅仅停留在学术引进方面，或者把西方现有的理论照抄照搬地挪用到我国被试身上和我国文化背景之下。

学术开放是一种双向的学术交流活动，应关注我国社会心理学与国际社会心理学之间的关系问题。换言之，应清楚我国的社会心理学研究如何才能成为国际主流社会心理学的一部分。目前，我国学者的基本共识是：作为自然科学与社会科学的交叉点的社会心理学，其诞生乃是源于心理学与社会学的跨学科因缘，它不可能长期地处于自说自话的状态，也不可能完全独立于跨越国界的学术共同体之外，它必须以开放的姿态与国际学术界接轨，与各学科（主要是本学科和相关学科）的最新理论进行对话交流。

第四节　社会心理学学科特点

社会学、心理学和文化人类学，这些学科不仅构成了社会心理学最直接的理论来源，而且还与社会心理学有着千丝万缕的联系。同时，社会心理学既是一门带有边缘性质的独立学科，也是一门理论性极强的应用学科。

一、边缘性质的独立学科

有关社会心理学学科的性质，无论是国内学界还是国外学界尚未形成统一的看法，大致可分为 3 类观点：

（1）社会心理学是心理学的一部分或是分支学科。该观点以心理学家为代表，如美国社会心理学家 F. H. 奥尔波特指出，“社会心理学不应当被看作与个体心理学截然不同的学科，它是个体心理学的一部分”；苏联社会心理学家安德烈耶娃也认为“社会心理学是心理学的一个分支”。我国学者中也同样有人认为社会心理学是心理学的一个分支。肖旭在其《社会心理学》中指出，“系统论把人的心理看成由各种不同要素所构成的多水平、多层次的动态的系统。从这一观点出发，可以把心理学比作科学之林中的一棵大树。这棵大树的树根主要是哲学与生理学，树身是普通心理学，然后分成两条主干，一条是社会心理学，一条是个体心理学。”①

（2）社会心理学是社会学的一个分支学科。此观点以早期的社会心理学家吉丁斯与埃尔伍德为代表，他们认为“社会心理学是社会学的最重要组成部分”。我国社会心理学家孙本文也曾指出：“就社会心理学发展的历史及近时心理学与社会学的趋向而言，我们似乎应把社会心理学视为社会学的一个重要部门。”

（3）社会心理学是在社会学与心理学之间形成的具有边缘性质的独立学科。目前，此观点已逐步被大多数学者所接受。社会心理学的产生既源于社会的需求，也与社会学与心理学自身的局限性有关。美国社会心理学家 T. 希布塔尼指出，社会心理学之所以能够在 19 世纪末 20 世纪初成为独立学科，一个重要原因在于当时已有学科无法解决伴随着社会发展而产生的某些特定问题。

社会心理学家之所以能从社会学和心理学这两门学科中独立产生，是因为无论是社会学家还是心理学家都在自己的学科中面临着可以从不同学科入手并加以探索的边缘问题。当心理学家注意到个人的心理和行为受到他人存在影响时，心理学家就触及了社会学；当社会学家开始研究个体和群体间的互动时，则使社会学家涉及了心理学领域。

① 肖旭，2013. 社会心理学［M］. 成都：电子科技大学出版社 .

据此，我们可以看出，社会学与心理学是社会心理学产生的两大母体学科。然而，我们仅仅把这两门学科视为社会心理学所形成的母体学科还不够。自社会心理学诞生以来，文化人类学对社会心理学的形成与发展同样做出了不可或缺的贡献。文化人类学自 20 世纪二三十年代以来，为人类社会行为的研究提供了大量丰富的跨文化资料。因此，社会心理学可以被视为是在社会学、心理学和文化人类学等母体学科的基础上形成的一门具有边缘性质的独立学科。

二、与其他学科的关系认知

只有理清社会心理学与其他学科的关系，才能对社会心理学这门学科有更加全面和深入的认识。

（一）社会心理学与心理学

一般观点认为，与社会学相比，心理学与社会心理学的关系更密切。更有一些学者认为，社会心理学与管理心理学、教育心理学、医学心理学等学科一样，应该属于心理学的一个分支，而且是其中一个重要的组成部分。

我国学者吴江霖认为，社会心理学与生理心理学同为心理学的两大支柱。他指出，心理的实质乃是大脑对外界事物的反映，因此心理学必须研究人的心理活动的神经生理基础，研究大脑活动的生理机制，这是生理心理学的任务。生理心理学是研究个体心理活动的产生、发展及其变化的规律，研究个体与客体的关系，揭示外部刺激作用于主体后如何转化为人的主观映像的一门学科。而社会心理学关注的是社会中的个体，研究个体心理如何在社会影响下发生、发展及变化，也研究个体的心理活动如何对社会团体及他人产生影响。①

无论是把社会心理学看成心理学的一个分支，还是视其为主干，社会心理学从起源、发展理论研究到实证研究都和心理学有密不可分的联系。

（1）从历史发展来看，社会心理学建立在心理学的研究基础之上。社会心理学形成时期的两大派系（指形成于 19 世纪中叶以冯特为代表的民族心理学，以及

① 时蓉华，2007. 现代社会心理学［M］. 上海：华东师范大学出版社 .

20 世纪初以英国心理学家麦独孤为代表的本能心理学）均建立在心理学研究的理论和实践基础之上。

（2）社会心理学的研究需要借助心理学的研究方法与成果，如社会心理学家在研究态度时需要运用投射、行为观察和生理反应等心理学知识，同时也需要采用观察法、实验法、个案法、焦点小组讨论法等研究方法收集资料或进行测量。

当然，社会心理学与心理学也有着本质上的区别。

（1）二者的研究特点不同。心理学研究的是各种心理现象，社会心理学研究的是社会心理现象，两者都是对客观现实的反映，但它们的研究特点不同。心理学研究的是一般意义上的个人和群体心理现象和规律，具有一定的抽象性；而社会心理学研究的是具体社会情境下个体的心理现象和心理活动，具有情境性的特点。

（2）具体的研究对象不同。心理学研究的着眼点是个人，包括他们的行为、知觉、情绪及态度等；而社会心理学关注的是一定社会因素与情境下的个人心理活动产生与发展的规律，它在研究个体时需要把他们置于群体中进行更深层次的探讨。[①] 总之，对社会心理学家而言，分析的层次是某一具体社会情境下的个体。

（二）社会心理学与社会学

除了心理学之外，社会学与社会心理学的关系同样密切。

（1）二者的研究领域有众多的交叉之处，社会学研究成果极大地促进了社会心理学的形成与发展。从理论角度来讲，社会心理学与社会学都极其重视对社会环境与个人之间的相互影响与相互作用的探讨，人的社会关系与社会行为都是它们的研究对象。作为社会学先驱的孔德已经注意到了社会与个体相互作用的这一问题，并于 1852 年提出了“要研究个体是如何既成为社会的原因，又成为社会的结果”这一说法。米德也于 20 世纪 30 年代对人的社会化过程、人格和角色形成的过程进行了理论上的探讨。

（2）两者的研究方法彼此相通。在研究方法上，社会心理学与社会学都采用实验、测验、问卷、访谈等方法。但它们各有侧重，社会心理学更多地运用实验与测验方法，而社会学更多地采用问卷与访谈方法。

---

① 乐国安，2003. 社会心理学［M］. 北京：中国人民大学出版社 .

需要指出的是，作为一门独立学科，社会心理学与社会学虽然有许多共同的研究课题，但它们研究问题的角度与出发点各不相同，社会学研究往往更具宏观性与概括性。

总之，在研究取向上，社会学着眼于社会本身，而社会心理学着眼于社会、群体中的个人，比较关注人际互动对人的影响。

（三）社会心理学与文化人类学

1908 年，心理学家麦独孤和社会学家罗斯几乎同时出版了各自撰写的社会心理学教材，这成为社会心理学学科诞生的标志。20 年后，加德纳·墨菲在《近代心理学历史导引》这本书中对社会心理学的理论渊源进行了回溯，并划定了两种不同取向的社会心理学，即社会学取向的社会心理学和心理学取向的社会心理学。书中写道，“当社会心理学形成时，它趋向于分为两支：一支是心理学家的社会心理学，着重社会情境中的个人，一支是社会学家的社会心理学，着重团体生活”。

墨菲的分析在以后很长一段时间内影响了有关社会心理学发展的论述。事实上，20 世纪 20 年代以前，文化人类学对当时刚刚诞生的社会心理学并没有给予足够的关注。而后，随着文化人类学家对社会心理学的涉入，文化人类学对社会心理学形成与发展的推动作用也逐步得到了学者们的关注与认可。

文化是文化人类学家关注的焦点，而对人格以及受其影响的人的行为的分析则是心理学家和社会心理学家的共同兴趣所在。20 世纪 40 年代末到 70 年代初，社会和人格的关系曾一度是文化人类学的热门话题，文化人类学家十分重视社会文化这一因素对人的心理与行为的影响，强调文化对人格的塑造。社会心理学与文化人类学，二者的关系主要体现在以下几个方面。

（1）文化人类学家通过实地考察，对不同民族、不同文化下的人们的心理与行为进行系统的观察和比较研究，得到了许多有价值的材料，补充并进一步完善了社会心理学的研究。例如，文化人类学家所积累起来的研究成果对社会化的研究具有重大价值，而马林诺夫斯基通过跨文化研究批驳了弗洛伊德提出的“恋母情结”在人类心理发展中具有普遍性的观点。对人类学素材进行社会心理学取舍和描述的第一人是著名的精神分析大师弗洛伊德，弗洛伊德力图在人们的相互关系之中阐述人类心理的发展，这是弗洛伊德理论的可取之处。但是弗洛伊德认为形成人本质的各种个人关系的基础从根本上说是生物的而不是社会的，因为这些关系都在普遍的俄狄浦斯情结的影响和制约之下。[①]

另外，社会心理学的基本知识与理论也适用于解释文化人类学研究中面临的一些问题，如用暗示、感染的知识来解释原始宗教的作用则更有说服力。

（2）文化人类学在进行比较文化研究时，需要借鉴、运用社会心理学的方法和技术。文化人类学所使用的研究方法统称为跨文化研究，即比较文化研究。文化人类学重在“描述”，社会心理学重在“实验检验假说”。社会心理学的研究方法，如实验法和测验法在比较文化研究中十分重要，同时文化人类学的研究结果也需用统计方法进行定量分析。

总之，尽管文化人类学对社会心理学的影响要晚于社会学和心理学，但现代社会心理学的形成与发展，既受益于心理学关于人格、行为等基本概念及客观准确的实验方法，社会学关于群体、群体互动的理论及科学的抽样调查方法，同样也受益于文化人类学的文化概念及对人类社会行为的跨文化论证。同时，需要指出的是，日渐成熟的社会心理学所具有的“反哺”“反作用”功能也同样为这些母体学科的进一步发展注入了新的活力。

① 周晓虹，1987. 论文化人类学对社会心理学的历史贡献［J］. 社会学研究（5）.

第二章　社会心理学基本理论

社会心理学的出现与社会学、心理学的发展具有密切关系，其基本理论就源自社会学和心理学，本章是社会心理学基本理论的阐述，从社会学习理论、社会认知理论、符号互动理论、精神分析学派的社会心理观、后现代主义社会心理学思潮 5 个部分来分析。

第一节　社会学习理论

社会学习理论作为一种对个体在社会情景中学习现象进行研究的理论，主要研究方向是各类社会因素怎样影响与改变个体的思想、情感与行动；主要研究目的是对个体的行为及其规律进行解释与说明；基本立场是个人的行为既并非由动机、本能、特质等个人内在结构决定，也不是由环境决定的，而是在个体与环境的交互作用下产生的。

社会学习理论是以传统行为主义为基础发展起来的。20 世纪 50 年代左右，一些在传统行为主义方面颇有成就的心理学家开始对思维等认知因素在个体学习过程中的作用进行研究，这是社会学习理论研究的雏形。

1954 年，美国心理学家罗特提出了社会行为学习的基本原则，这对后来社会心理学理论的发展产生了一定的影响。20 世纪 60 年代开始，美国心理学家班杜拉等开始对多种社会行为的产生与发展展开研究，并在参考多个心理学领域知识的基础上，构建了社会学习理论的基本框架。

一、社会学习的基础理论

发展到今天，社会学习理论与行为主义理论已经基本不存在相似之处，但不可否认的是，在社会学习理论形成的早期阶段，其与行为主义理论之间还是存在密切联系，从社会学习理论的部分内容中依稀可见行为主义理论。

（一）华生的行为主义心理学

美国心理学家华生于 1913 年创立了行为主义心理学，他将心理学的研究重点从注重人的内在心理转移到外显行为研究上。华生表示，心理学作为一门科学，需要以客观的方法处理客观的资料，并主张以下 3 点内容。

（1）科学心理学的研究对象是可观察到的外显行为。

（2）个体行为不是与生俱来的，其会受外界环境因素的影响。

（3）通过对动物或儿童进行实验研究获得的行为原理或原则，也可以用来解释一般个体的同类行为。

虽然早期的行为主义理论因过于看重个体的外显行为，忽视个体内在与“心”有关的内容而受到很多人的批判。但不可否认的是，行为主义理论还是对心理学的发展产生了深刻的影响。

（二）斯金纳的新行为主义理论

斯金纳是新行为主义的代表人物之一，他提出的众多理论对美国教育和社会都产生了很大的影响。

斯金纳在操作条件反射理论中，将行为分为应答与操作两种类型，其中应答行为是由刺激控制的，操作行为是由结果控制的。个体日常生活中的多数动作与活动都是一种操作行为。斯金纳否认“自主人”的存在，认为个体的行为受到环境的刺激与约束，个体并没有选择的自由，个体始终处于被外界各类事物控制的过程中。

二、早期社会学习理论

（一）霍尔的驱力论

霍尔是新行为主义的代表人物之一，他通过对动物进行研究实验，提出了驱力论。在霍尔看来，个体具有的驱力是个体行为产生的动力，驱力在个体行为中有刺激的作用。当个体的生理、心理不能得到满足时，个体内部就会出现驱力。霍尔妄图将各类复杂的人类行为转化为简单的行为关系，即将人的行为等同于生物需要的行为过程。

（二）米勒和多拉德的理论研究

米勒和多拉德在霍尔的影响下，开始对模仿行为进行研究，并发表了《社会学习与模仿》，这代表着他们正式开始对社会学习理论进行研究。米勒和多拉德都强调学习原理的重要性，认为个体出现的一切行为都是在学习中形成的，并提出各种学习都包括驱力、线索、反应、奖赏 4 种因素，这 4 种因素也是影响行为的 4 类条件，具体分析如下。

（1）驱力。驱力作为一种刺激，能够促使个体产生行动。个体会存在两种驱力，分别是初级驱力和次级驱力。其中，初级驱力是人从出生时就有的，能够通过遗传获得；次级驱力虽不是生来就有的，但它比初级驱力更重要，对个体生活产生的影响更大。

（2）线索。任何一种刺激如果能与其他刺激相区别，就具有线索的作用。在社会学习情景中，他人的行为就是一种重要的线索性刺激。

（3）反应。个体的不同行为方式会引起不同的反应，在模仿的过程中，示范者的行为可以作为观察者的线索。

（4）奖赏。奖赏是决定个体反应在连续的尝试中是否会重复的关键因素。缺少奖赏，个体反应就会退去。

米勒和多拉德将社会背景作为研究学习的重要因素，他们的研究比霍尔与斯金纳的研究更为深远。但是，米勒和多拉德并未完全摒弃行为主义方法论的局限，没有重视认知因素对人类行为的作用，这也是他们不能对个体行为进行完美解释的重要原因。

三、当代社会学习理论

经过多年的发展，对社会学习理论的研究逐渐开始进入正轨，其中，班杜拉是当代社会学习理论中具有代表性的人物，下面将重点对其提出的自我观、三元交互作用论、观察学习论进行分析，并对班杜拉的研究理论进行评价。

（一）班杜拉的代表理论

1. 自我观

班杜拉是社会学习理论的奠基者，他看重对个体自我现象的全面考察。他在提出的自我观中，对决定论和自由关系的看法尤其值得我们关注。传统行为主义认为人没有自由；人本主义心理学则认为人是绝对自由的。但在班杜拉看来，自由指的是肯定意义上的主体自我影响力的发挥和实践。在相同条件下，有能力进行各种选择，并调整自己动机和行为的人比那些仅有个人动因和方法的人更有自由。换言之，自由是存在的，但是前提是有程度的。班杜拉对决定论和自由意识的争论进行了有效调和，这既是其坚定行为主义立场的表现，同时也有助于他将自我归入研究范畴。

2. 三元交互作用论

班杜拉以行为、个体（认知）、环境之间交互作用的因果模式，对自我在人类动因中的地位和作用进行了说明。

在该因果模式中，人的行为、个体、环境三者之间具有动态的交互决定关系，在这 3 个因素中，任何两个因素之间具有的双向互动关系，都会伴随着行为、个体、环境的不同而出现新的变化，如图 2–1 所示，其中 A 代表行为，B 代表个体，C 代表环境，双向箭头代表着双方相互影响，这三者共同构成了人类动因的互动系统。A 和 B 之间的关系代表了人的主体因素与行为之间相互影响的关系。

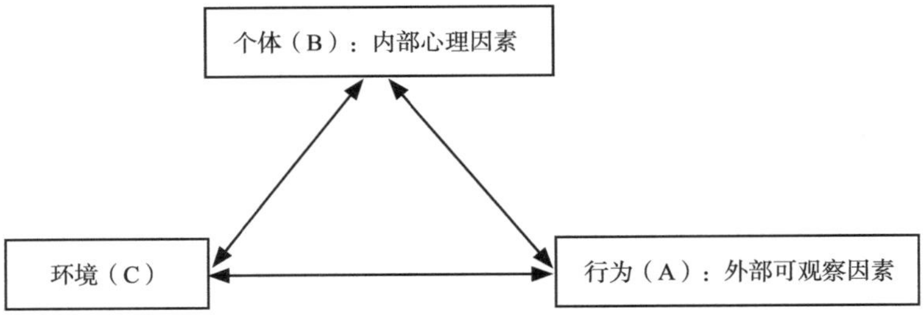

图 2–1　三元交互作用论模型

3．观察学习论

班杜拉提出的观察学习论是以认知为基础进行的，将行为主义和认知论进行结合，强调通过观察学习，人们能够获得大量的行为模式，而不用经过可能会出现多次错误的过程。观察学习的特点、类型、心理过程如表 2–1 所示。

表 2–1　观察学习的特点、类型、心理过程

	观察学习
特点	不具有明显的外显反应
	观察学习不依赖直接强化
	认知过程在观察学习中有重要的作用
类型	直接的观察学习
	抽象的观察学习
	创造的观察学习
心理过程：从注意到榜样——表现出榜样的行为经历	注意过程
	保持过程
	行为再现过程
	动机过程

（二）对班杜拉及其理论的评价

（1）班杜拉借鉴并吸收了现代认知心理学的研究方法，关注认知的经历、行为结果，实现了强化理论与信息加工观点的结合。

（2）班杜拉在人本主义思想的启发下，提出的交互作用、观察学习、自我调解等概念，突出了人的主动性、社会性。

（3）班杜拉提出的概念和假设能够被应用到个体行为矫正、职业行为、教育、工业等领域的研究中。

（4）班杜拉提出的观察学习论对心理学产生了巨大影响，并与经典条件反射、操作条件反射并称为解释学习的三大工具。

第二节　社会认知理论

社会认知理论起源于20世纪40年代，在20世纪50年代得到进一步发展，其是社会心理学重要的理论之一，研究重点是人的主观意识。社会认知理论与社会学习理论的不同之处在于社会认知理论更看重现有的感知，强调的是个体对环境感知与理解的重要性。

一、社会认知理论的理论基础

（一）认知心理学

认知心理学的研究重点是人的大脑中进行的认知活动，关注主体内部信息加工过程的特点，其核心思想主要包括以下两点。

（1）人的大脑是一个信息加工系统，这个系统能够通过符号的形式来展现外部环境中的事物和自身的操作过程，并实现对外部环境中的事物及其自身的操作过程的信息加工。

（2）人的意识存在主观能动性，人对信息加工的程度与人自身拥有的经验具有密切联系。人进行信息加工时是积极主动的，而不是消极被动的。认知心理学的出现对长期占据美国心理学界统治地位的行为主义心理学形成了冲击，认知心理学逐渐深入心理学的各个领域，并为社会心理学中社会认知理论流派的形成奠定了基础。

（二）格式塔心理学

格式塔心理学起源于德国的一个心理学派别，是德国的心理学家按照现代物理科学的概念，以整体的观点反对冯特元素主义的心理学理论体系。换言之，格式塔心理学也可看作一种反对元素分析并强调整体组织的心理学理论，主要代表人物是韦特海默、考夫卡。

格式塔心理学认为，每一种心理现象都是一种格式塔，是一个被分离的整体，整体并不是部分的总和，也不是由多个元素简单堆砌而成，整体是先于部分存在的，并对部分的性质形成制约。

格式塔心理学家的研究领域十分广泛，对知觉的研究是其中较为关键的部分。格式塔心理学家认为知觉具有整体性，如一名观察者在对一个对象进行观察的过程中，若要将这个对象转化为分开的各个部分，那么观察者就不能正确地理解知觉。格式塔心理学的基本原则是“形的规律”。如图 2–2 所示，若按照下列形式对排列好的 10 个心形进行观察，更多人看到的是 5 组心形，而不是 10 个单个的心形，这就是格式塔心理学中关于知觉的接近原则。

图 2–2　5 组心形

总之，格式塔心理学坚信能够决定人行为的并非客观环境，而是人自己感受到的环境，人在与环境的相互作用中是积极主动的，会利用自己进行知觉与观念的组合，并构成一个有意义的整体，也正是个体这种对环境的组织作用，影响个体对环境的知觉，从而影响个体的行为方式。

二、社会认知理论的主要内容

社会认知理论在心理学中被当作专业术语使用时，指的不是某种具体的理论学说，而是各类社会认知理论的总和。一般来说，社会认知理论可以被划分成认知一致性理论与归因理论。

下面将重点对认知一致性理论中的海德的认知平衡理论、纽科姆的认知均衡理论、费斯汀格的认知失调理论进行分析。

（一）海德的认知平衡理论

海德是最早开始研究社会认知的学者，他十分清楚认知心理学能够比行为主义更好地对个体的心理现象进行说明。20 世纪 50 年代后期，海德在著作《人际关系心理学》中将认知一致性概念与社会态度问题相联系，提出认知平衡理论。此后，海德的理论思想得到了更多人的关注，对认知心理学的发展产生了很大影响，他也成为社会认知理论的先驱。

海德的认知平衡理论的基本观点包括以下 3 个方面。

（1）个体具有保持自己的认知体系处于相对平衡状态的心理倾向。大多数个体在日常生活中渴望建立一个有序、有联系、符合正常逻辑的认知状态。

（2）个体单元关系与情感关系的一致性会对个体认知的平衡造成影响。

（3）认知体系不平衡会导致个体出现紧张的心态，这也是个体追求平衡的主要动力。

（二）纽科姆的认知均衡理论

纽科姆对海德的认知平衡理论进行了吸收与扩展，并将该理论运用到人际沟通和群体沟通中，提出了认知均衡理论。纽科姆的认知均衡理论主要包括以下几点内容。

（1）认知均衡既存在于个体内部，也存在于群体内部的人际交往与沟通中。当两个个体彼此认知，并与第三者建立一定关系时，就会产生对第三者指向的趋同意向，并且这种趋同意向会随着人际沟通的发展而不断强化。

（2）群体认知体系的变化主要受认知者对认知对象重要性认知的影响。

（3）均衡的认知系统会对认知者产生积极的价值，而不均衡的认知系统会推动个体产生新的追求均衡的动力。不均衡的认知系统还会引起个体紧张、焦虑，并促使个体做出特定的行为。

（三）费斯汀格的认知失调理论

认知失调理论是费斯汀格在1957年出版的《认知失调理论》一书中提出的，是20世纪60年代社会心理学研究领域的重要成就之一。认知失调理论更关注对社会对象的认知再现，同时也强调认知要素引起的矛盾冲突，研究的重点是认知的动力过程。

三、社会认知理论的价值

社会认知理论的研究对社会心理学的发展具有十分重要的意义，它对行为主义流派反心理主义造成了冲击，同时也推动了意识心理学的发展。在人类行为动力的问题上，社会认知理论心理学家从认知的方面对人类行为出现的原因进行探究，并将人类认知体系的不协调与各类矛盾当作人类行为的原始动力。这种全新的观点是对社会心理学的有力补充。

第三节　符号互动理论

社会学家在社会心理学领域进行研究时，提出了符号互动理论，其主要观点是世界不是由客观的物质刺激组成的，而是由主观的、符号的意义构成的。同时，这些意义是在社会互动中形成并发展的。

一、詹姆斯的理论研究

詹姆斯是美国著名心理学家之一，是他将自我概念引入美国心理学中的。詹姆斯表示，自我是个体所有经验的中心，个体能够将世界划分为“我”和“非我”两个部分，而社会交互作用是自我概念的关键。詹姆斯提出的社会自我概念的内涵是个体对自我形成的感知来自同他人的互动，即个体认识多少个人，个体就会产生多少个社会自我。

二、库里的理论研究

库里是美国著名的社会心理学家之一。在库里的理论研究中，“镜中我”是较为有代表性的概念，“镜中我”中的“镜”指的是社会和社会中他人的行为、姿态，个体能够从这个“镜”中看到他人对自己行为的反应，并将此作为判断自己行为的依据。库里表示，个体对自己的看法来自这种外部社会和他人的反应，个体只能通过别人的态度判断自己的情况。个体自我观念的形成来自“社会”，缺少社会，自我观念就难以形成。总而言之，库里坚信自我源于同他人的交往以及个体间的彼此互动，这是个体从他人观点和行为中看到自身的主要途径。

三、杜威的理论研究

杜威是实用主义的主要代表，关注的是人类与世界的调适过程，人们努力控制现实环境中的各类条件，使自己适应这些现实条件，并在这个过程中形成了个体的特点。

杜威指出，人类的独一无二性在于人类具有思维能力，能够在适应环境的过程中展现心智意识，这个心智意识指的是对环境中的客体进行定义，预估可能产生的结果等，并选择最佳的行动路径。杜威关于心智意识概念的解释对米德思想的形成产生了不可忽视的影响。

四、米德的符号互动理论研究

米德在对詹姆斯、库里、杜威的研究理论进行综合的基础上，形成了符号互动理论，其基本观点是社会是由能够展现心理过程的姿态与语言符号的交换所构成的。米德的符号互动理论是以两个假设为基础进行论述的：一是人类机体生理上的弱点会促使个体与群体中的其他人进行合作，从而获得生存机会；二是人类机体内有助于同他人进行合作，使个体生存下来的行动将会在自然选择中被保留下来。

基于上述两个假设，米德对心智意识、自我、社会展开了全新讨论，下面将对这 3 个方面进行简要讲述。

（一）心智意识

米德认为人类的心智意识是具有独特能力的，这种能力重点表现在以下 3 个方面。

（1）抑制不适当的行动方案，选择适当的行动路线。

（2）用符号来表达环境中的客体。

（3）想象性地预演针对这些客体的可选择的行动方案。

由此可见，心智意识并非一个结构，而是一个过程。在对心智意识的研究中，米德将重点放在心智的形成方式和语言的意义两个方面，具体分析如下。

1. 心智的形成方式

米德认为个体在婴儿阶段就已经开始产生心智。个体在婴儿阶段时做出的无意识动作，会在后续与他人的互动过程中，被认为是有利于婴儿生存反应的动作。这种选择过程可以利用他人对婴儿进行的有意识的训练来达到，在多次训练后，婴儿的姿态会与其经常接触到的人的姿态具有共同的意义。米德将这种具有普遍意义的姿态称为常规姿态。

2. 语言的意义

米德表示，语言是将人类与动物相区分的因素。动物是通过姿态进行交谈的，如公猴会拍打自己的胸，这代表自己将要进行侵犯，另一只猴子看见这样的行为后，就会退出公猴的地盘或者也同样拍打胸，表示迎战，但这并不是真正的交流。对人来说，双方在交流的过程中都赋予了自己行为一定的意义，同时能够理解他人姿态的意义，这才是真正的交流。

如图 2–3 所示，在 A 与 B 的交流过程中，双方要想实现对彼此的理解，需要有对符号意义的共同感知，这种共同感知是在同他人进行互动的过程中获得的。

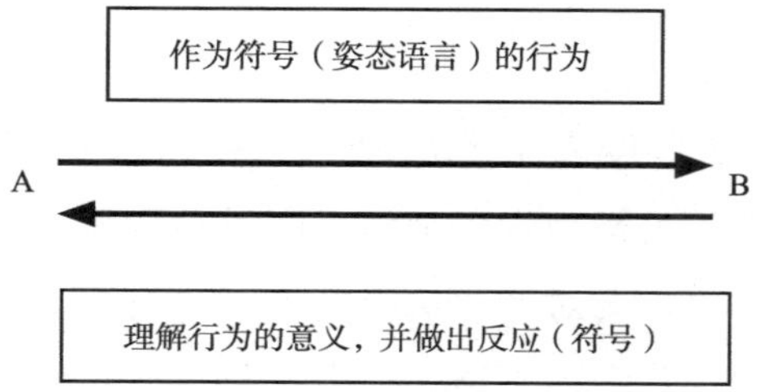

图 2–3　A 与 B 的符号互动

（二）自我

1. 主体我与客观我

米德表示人能通过符号来理解他人，相应地，也能够将自身表征当作客体进行理解，个体在交流过程中对姿态的理解有助于同他人进行合作。米德将自我划分为两个部分，即主体我与客体我。其中，主体我是个体从出生就有的本能的冲动；客体我是个体在后天与他人进行交流的过程中形成的。个体会将从自我中分离出来的客体我放在对立的角度进行评判，不断调整自己的行为，从而使自己的形象与他人的期望和要求相符合。

2. 自我发展的 3 个阶段

米德强调自我是在角色扮演中形成并获得发展的，这主要包括 3 个阶段，每个阶段的结束都代表着个体产生了一种比较稳定的自我概念，具体分析如下。

第一阶段是玩耍阶段。在这个阶段，个体表现的形式为非组织化模仿，如婴儿只能通过模仿的方式学习其他人的动作，并与他人进行沟通和交流。

第二阶段是组织化游戏阶段。在第一阶段结束后，个体因生理上逐渐成熟，同时对角色形成了一定的认识，因此在这个阶段，个体会进一步理解有组织的活动中他人的角色。

第三阶段是自我发展的最高阶段。在这个阶段中，个体能够将与自己发生互动的他人的意向总结为一套行为标准，同时能够对社会中其他人的角色、态度进行理解。处于此阶段的个体不会将自我与社会相分离，而是将自我作为群体中的一部分，明白在面对什么样的情景时，应该采取何种行动。

（三）社会

米德始终认为社会或制度表征直接决定了不同个体间组织化和模式化的互动，心智是支持互动组织化的关键因素。个体若缺乏心智能力，就不能对将要扮演的角色形成正确的理解，也不会对能够选择的方案进行想象性预演。此外，社会的发展依赖于个体的能力，若个体不能在社会中将自己看作一个客体进行评价，那么社会控制就会失去制约因素。在规模相对大的群体中，对每个个体的行为进行协调就会变得异常困难。因此，可以认为社会与社会中的制度是通过个体自我和心智能力维持的。

五、符号互动理论的价值

米德的符号互动理论对美国当时的社会和社会学界产生了极大的影响。在芝加哥大学社会学系布鲁默教授的努力下，符号互动理论逐渐成为具有较强影响力的社会心理学理论之一，并获得了一大批坚定的追随者。在这些追随者的深入研究过程中，符号互动理论得到进一步延伸，开始出现社会角色理论、参照群体理论、戏剧理论、标签理论等新的学说，这为社会心理学的深入发展提供了更为广阔的研究平台。

第四节　精神分析学派的社会心理观

精神分析学派作为西方心理学中的一个重要流派，产生于19世纪末期，最初指的是一种神经症的治疗方法和理论，后延伸为潜意识心理学体系。在一定程度上，精神分析学派可看作整个现代心理治疗的基石。20世纪20年代左右，精神分析学派的思想和方法开始进入社会科学的其他领域，逐渐发展成为包罗万象的人生哲学。

对精神分析学派展开学习与研究对认识心理学具有重要的指导作用，不了解精神分析学派就难以对潜意识学说的内涵与价值进行剖析，也不能对人的心理活动的全貌进行评价。下面将重点介绍弗洛伊德的精神分析理论、卡尔·荣格的集体无意识理论、阿德勒的社会兴趣理论。

一、弗洛伊德的精神分析理论

（一）弗洛伊德简述

西格蒙德·弗洛伊德是精神分析学派的创始人，是20世纪最有声望的心理学家之一。1881年，弗洛伊德获得医学博士学位，之后开始在维也纳综合医院担任医师。在1885年之前，弗洛伊德的研究重点是精神系统的组织学，并获得了几项突出的研究成果。1885年之后，弗洛伊德在欧洲著名精神病学专家沙可的影响下开始了对神经症的病因学研究。

弗洛伊德提出的精神分析理论与其临床实践具有密切关系。在刚开始接触临床实践时，弗洛伊德选择用传统药物对患者进行治疗，但效果不甚理想，他开始选用催眠术进行治疗，治疗效果得到优化。

后来，在其他医生的影响下，弗洛伊德开始使用宣泄法对病人进行治疗，使病人在被催眠的状态下宣泄心中郁闷。在这一阶段，弗洛伊德提出了无意识、压抑、能量转化等精神分析学概念。

随着临床实践经验的增加，弗洛伊德逐渐发现并非任何一种情感刺激都将引起病人的神经症情况。这一发现使弗洛伊德开始对一般神经症的心理病因展开研究。1900年，弗洛伊德的《梦的解析》一书出版，这代表着精神分析理论的正式诞生。精神分析理论对西方心理学的发展产生了重要影响，并对后世研究者展开更深入的研究提供了基本的思路。

（二）精神分析理论简述

弗洛伊德的精神分析理论涵盖的范围较广，内容比较复杂，在此仅选取几种对社会心理学产生影响的理论进行简要分析。

1. 潜意识理论

潜意识指的是个体被压抑的欲望、本能冲动，是个体不能感受到的精神生活，同时也是意识不到的内容（特殊情况除外）。潜意识由原始冲动、本能、个体出生后产生的多种欲望组成，这些内容通常与社会准则背道而驰，因此被压抑在个体的潜意识中。这些潜意识不能被个体意识到，但其依旧存在于个体的大脑中，并在大脑中积极活动，与个体意识进行激烈的碰撞。

弗洛伊德表示，潜意识具有非理性、冲动性、无道德性、非逻辑性、非言语性的特点，是人体心理深层的基础与个体进行活动的内在驱动力。从某种意义上来看，潜意识能够决定个体的有意识生活。因此，潜意识理论也是弗洛伊德发展精神分析学派的重要基石。

总的来说，弗洛伊德的潜意识理论主要包括以下几点内容。

（1）潜意识是人进行生活的内在驱动力，对人的心理活动有制约作用，同时也是导致一切心理疾病出现的诱因。

（2）个体出现的不同类型的神经症，如癔症、抑郁症、焦虑症、恐怖症等，都是因为个体的本能欲望、意念、情感、矛盾情绪等被压抑到了潜意识中，而个体并未意识到这些内容，但其却对个体的精神产生了影响，导致个体出现焦虑、紧张、恐惧等情况。

（3）精神生活是由潜意识构成的，要对个体的某种行为、动作以及整个精神生活进行分析，需要重点对个体的潜意识领域进行研究。

2. 人格结构理论

弗洛伊德在潜意识理论的基础上提出了人格结构理论，并在《自我与本我》一书中将人格结构划分为本我、自我、超我，具体分析如下。

（1）本我。本我是精神结构中直接与个体产生联系的部分，其包括一切遗传的东西，是个体人格的原始形象，既有本能的原始冲动，也有个体的新生欲望。

个体本我的组成要素是满足个体的基本需要。同时，弗洛伊德表示，本我中存在生本能与死本能两种本能，其中前者是促进个体求生活动的内在力量，这种力量称为欲力；后者则是个体自身具有的恨与破坏的力量。当本我中出现需求时，个体会立即满足这种需求，因此从支配人性的角度来看，快乐原则是支配本我的动力，本我则是一切心理能量的来源。

此外，弗洛伊德还指出，婴儿的人格结构是以本我为主的，当婴儿感到饥饿时，本我需要及时得到满足，若这种需要没有得到满足，婴儿就会产生挫折，而克服挫折的过程是婴儿得到成长和学习的契机。

（2）自我。自我是个体人格的理智面，存在于意识中，是个体在出生以后，受到现实环境的影响，从本我中分化、发展成的部分。支配自我的原则是现实原则，其作用是帮助个体感知外部世界的存在，反映外部世界的特点，同时反映个体本我、超我的要求。在弗洛伊德眼中，自我的作用体现在以下 3 个方面。

① 自我要反映本我的欲望，并按照现实原则尽量满足本我的欲望。

② 自我要反映客观世界，寻找能够满足本我欲望的对象、途径、方式等。

③ 自我受到超我的压制，并管束本我。从上述自我的作用中可以看出，自我相比于本我、超我而言，处境更为困难，需要选择最可行的方式，满足本我、超我的需求，协调两者的关系。当自我不能协调好本我、超我的关系时，个体就会出现焦虑、紧张、郁闷等情况，甚至出现更极端的行动，严重的会导致精神疾病的出现。

（3）超我。超我是个体人格的良心面，也是个体人格结构中处于最高地位的部分。超我是个体在生活中通过接受社会文化道德规范的教育，从自我中分化出来的。例如，孩子在与父母、教师等长辈的互动中，需要对自己内心追求快乐的某种冲动进行控制，在父母、教师的权威下，孩子需要接受父母、教师传授给自己的社会准则，并将父母、教师的超我变为自己的超我。当孩子形成自己的超我后，这种超我会代替父母、教师对自身思想与行为进行内在监督。

具体来说，超我包括自我理想与良心两个部分，其中自我理想是孩子从父母那里获得赞扬的经验，即孩子的某种行为获得了父母的认可与表扬，这种经验会内化成孩子的自我理想；良心则是孩子受到惩罚的结果，孩子通过惩罚，能够了解什么是不道德的，这些经验会内化为孩子的良心。如果孩子的行为符合自我理想，孩子就会感到骄傲，但是如果行为违反了良心，孩子就会感到愧疚。

因此，超我是人格结构中负责道德的部分，其特点是追求完美，它与本我一样是非现实的，与自我理想、良心相背离的经验都不会被超我所容忍。支配超我的原则是完美原则，它会指导自我去约束本能的冲动，帮助自我的行为更符合道德方向的要求。

3. 精神分析与社会

弗洛伊德在《集体心理学和自我的分析》一书中指出，个体心理学与社会、集体的心理学是存在相同点的。在个体的心理生活中，会有他人的出现，个体心理学需要重视个人与他人的关系。精神分析的对象是个体或个体的人格结构，弗洛伊德以精神分析为主体，对社会中的许多现象和人类社会行为的心理成因进行了分析，下面重点对弗洛伊德关于文明的心理起源、本能与文明的冲突等观点进行分析。

（1）关于文明的心理起源。弗洛伊德通过对图腾制和外婚制中的禁忌现象进行分析，将人类学和心理学进行联系，并对文明的心理起源进行了研究。弗洛伊德认为人类的文明和道德起源是人类性本能与性本能压抑的结果，本能冲动具有的破坏性促使人类建立一个能够约束人类本能的社会规范，这个社会规范能够保护人的本能释放。

（2）本能与文明的冲突。弗洛伊德在《文明及其不满》一书中，对文明进行了批判，他认为文明中的各类规章制度对人的本能造成了约束，文明越精致，对人性的压抑就越强烈，人们对文明秩序的不满，就越深地埋入潜意识中。

二、卡尔·荣格的集体无意识理论

（一）卡尔·荣格简述

卡尔·荣格是著名的心理学家、精神分析学家，主要著作包括《无意识过程心理学》《心理类型》《记忆、梦与反思思考》等。卡尔·荣格对精神病学具有浓厚的兴趣，并于1911年成为国际精神分析学会的第一任主席。在早期的学术研究中，卡尔·荣格对弗洛伊德的精神分析理论十分热衷，并在拜访弗洛伊德后成为他的学生。后来，因在力比多的解释上难以达成一致，卡尔·荣格与弗洛伊德断绝了学术关系，退出国际精神分析学会，并自创分析心理学。

（二）人格结构与集体无意识

卡尔·荣格将精神与心灵相联系，认为人格结构分为3个层次，分别是意识层、个人无意识层和集体无意识层。其中，意识层的中心是自我，自我与个体自身的概念比较接近，它包括知觉、记忆等，意识层是实现个体与现实环境保持沟通的渠道；在意识层下面是无意识层，无意识层包括个人无意识层和集体无意识层。在无意识层中，个体无意识层属于个体，包括一切冲动与愿望、模糊的知觉、无数的其他经验，这些知觉和经验会被个体压抑或遗忘，但是在个人无意识的偶然事件中可能会被个体的意识唤醒；集体无意识层是个体不知道的，潜藏在个体记忆深处的。卡尔·荣格认为，进化论证明了所有种族的人脑结构具有相似性，这就能够表明集体无意识的普遍性。

（三）无意识原型

卡尔·荣格表示，集体无意识没有在意识中出现过，是人类在长期的种族演化中流传下来的，是一种普遍存在的原始心像与观念，是个体通过遗传获得的，这种原始心像称为原型。原型存在于同族人的无意识中，使个体按照先辈遗传下来的方式行动。人类的集体行为在大多数情况下都是由无意识原型所决定的。因集体无意识能够用来说明社会的行为，所以卡尔·荣格提出的这一概念对社会心理学有着突出的意义。卡尔·荣格提出，原型有不同的形式，其中最突出的有 4 种，分别为人格面具、阿尼玛、阿尼姆斯、阴影，具体分析如下。

1．人格面具

人格面具一词源于希腊文，本意指的是演员在剧中因扮演某个角色而需要佩戴的面具。人格面具作为个体个性的最外层，是个体内部世界和外部世界的分界点。卡尔·荣格认为，个体戴着何种面具，即展现着自己在社会中的角色。人格面具是依靠个体的姿态、衣着、装饰等展现出来的。同时，人格面具还能够维护人的虚伪与怯懦，使个体能够进入与真实人性不同的境界。此外，人格面具也是一种严格的检查机制，是社会的产物。

2．阿尼玛

在拉丁文中，阿尼玛代表的是“魂”，是男性身上的女性特点，同时也是男性无意识中的女性补偿因素。卡尔·荣格对阿尼玛的定义是在男性无意识中起着一种基本的或原始意象作用的女性特征的表现。

3．阿尼姆斯

阿尼姆斯代表的也是“魂”，是女性身上的男性特征。卡尔·荣格强调，女性身上也会存在一些无法消除的男性意象。例如，当某个女性用较为强硬的手段和方式处理事情时，她内心的阿尼姆斯便会展现出来。阿尼姆斯能够给予女性勇气，同时能够在女性的无意识自我与创造性活动中建立良好的联系。

4．阴影

阴影指的是人格的最内层、具有动物性的、低级的遗传，其包括一切不道德的欲望、情结、行为，这与弗洛伊德所提及的“本我”有相似性。卡尔·荣格认为，大多数个体在与他人相处的过程中，并没有他们所表现出的那么善良。人格中被抑制的阴影会暂退到个体的无意识中，并寻找机会重新占据个体意识。

三、阿德勒的社会兴趣理论

（一）阿德勒简述

阿德勒是精神病学家、心理学家，是现代自我心理学和个体心理学的创始人。在早期的学术研究中，阿德勒与卡尔·荣格均支持弗洛伊德的精神分析理论。但随着研究的深入，阿德勒同弗洛伊德也出现较大分歧，1907 年，阿德勒发表《器官缺陷及其心理补偿的研究》，明确提出了他与弗洛伊德的不同观点。此后，阿德勒按照社会和文化的发展路线，创建了自己的个体心理学体系，创办了自由神经分析研究会，这对后来西方心理学的发展起到了较大的推动作用。

（二）阿德勒的个体心理学体系

1．追求卓越

追求卓越是阿德勒个体心理学体系的核心。阿德勒表示，人作为一个不可分割的整体，有自己的目标，渴望追求人生意义，是与社会、他人相联系的个体。

阿德勒认为追求卓越才是人生的基本内容，同时也是人做出某些行为的动力。

阿德勒认为追求卓越的方式有两种：一种是个体仅追求自己的卓越，基本不关心他人，行为会受过度夸张的自卑感驱使；另一种是追求一种完善的社会，希望使社会中的每个人都能够获得好处。

2. 自卑与补偿

自卑与补偿是阿德勒个体心理学中的重要内容，是促使个体追求卓越的内在动力。阿德勒坚持认为，自卑与补偿都是个体从出生以来就有的。此外，阿德勒还表示，个体对某些缺陷的补偿是自卑的重要内容与表现。值得注意的是，这种自卑与补偿对个体来说是正常且健康的反应，能够促使个体发挥自己的潜能。但是，若个体没有成功实现补偿，就会产生更严重的自卑情绪，从而引起心理疾病。

3. 生活风格

阿德勒强调个体的最高目标是追求卓越，个体可以通过各种各样的方式实现这个最高目标。每个个体实现最高目标的方式都不同，这是个体生活方式的体现，即生活风格。生活风格指的是个体在社会生活过程中已经固化的行为模式。生活风格会体现在个体的生活中，是个体所独有的，当个体在生活中遇到与生活风格不符合的经验时，该经验就会被忽视、压抑。正如世界上没有两片树叶是相同的，世界上也不存在两种相同的生活风格。

4. 社会兴趣

阿德勒提出个体所拥有的人性是自主的，并非盲目的，个体在自主意识的支配下，能够选择自己想要的生活。基于此，阿德勒提出了自己的社会兴趣理论。阿德勒认为，社会兴趣指的是个体对社会其他成员或事物的某种情感，同样也是个体对生活的评价态度和认同能力。社会兴趣作为人类本性的组成要素，存在于个体的潜能中，是人所特有的社会性动机。

根据社会中个体所具有的社会兴趣的特点，阿德勒将个体划分为 4 种类型，即统治—支配型、索取—依赖型、回避型、社会利益型。在这 4 种类型中，阿德勒认为前 3 种类型的个体拥有的是不科学的社会兴趣和生活风格，只有表现为社会利益型的个体才能具有科学的、正确的社会兴趣和健康的生活风格。

（三）阿德勒个体心理学理论的价值

阿德勒个体心理学理论明确了心理学的社会价值取向，这为心理学后续的发展提供了方向。同时，阿德勒提出的整体研究的方法论原则，对后来心理学的发展产生了不可忽视的重要意义。此外，阿德勒个体心理学理论也为弗洛姆等创建“社会文化学派”奠定了良好的思想基础，更为人本主义心理学的发展提供了动力。

第五节 后现代主义社会心理学思潮

后现代主义社会心理学起源于20世纪90年代，是后现代社会的精神产物。

一、后现代主义思潮的基本观点

后现代主义思潮深刻地反映了后现代社会人们的生存方式和生活方式，它以批判现代主义和理性主义为基础，基本观点包括反对个人主义，强调内在关系；倡导创造性，创造新型关系；倡导多元论，尊重差别性。

（一）反对个人主义，强调内在关系

后现代主义思潮对现代主义中强调个人主义中心地位的观点进行了批判，其表示个人主义的绝对化会走向自己反面的道路。后现代主义思潮十分看重个人与社会的关系，同时关注个体应该怎样更好地适应正在变化中的高科技社会。

（二）倡导创造性，创造新型关系

后现代主义的核心是社会建构主义，支持的观点是知识并非对现实世界的反

映，而是社会建构的结果。因此，后现代主义思潮倡导个体发挥自身的创造性与积极性，打破常规的思维方式，探寻新的价值观，努力在社会生活领域中构建新的生活价值意义，并尽力创造具有多样性的人与自然、人与人、人与社会的新型关系。

（三）倡导多元论，尊重差异性

后现代主义不提倡二元对立的思维方式，倡导以相对主义的视角来看待现实世界，这是后现代主义在历史和事物发展中对各类差异、变化及不测的高度敏感反映。后现代主义思潮在知识领域和社会关系领域的观点如表 2–2 所示。

表 2–2　后现代主义思潮在知识领域和社会关系领域的观点

后现代主义思潮	主要内容
知识领域	拒绝绝对的理性和普遍绝对真理的信仰
	提倡多元的文化价值观
社会关系领域	拒绝一切普遍主义的社会方案
	主张社会关系的差异性、多样性、兼容性
	拒绝任何涵盖世界历史全部内容的理论
	关注社会生活中的相对主义、特殊主义、情景主义
	要求人们学会尊重差异、保持宽容

二、后现代主义社会心理学的起源

后现代主义社会心理学是在后现代社会中产生的。具体来说，1988 年，美国社会心理学家科尼斯 · 格根在澳大利亚举行的国际心理学会议上做了《走向后现代的社会心理学》报告，明确指出当前传统的科学主义心理学面临的挑战，并从社会心理学专业出发，对“后现代社会心理学”的概念和具体设想进行了阐述。1989 年，美国另一位社会心理学家派克出版了《现代社会心理学的危机》，对格根的观点进行了回应。

1991 年，格根又出版了《饱和的自我：当年生活中的身份困境》，对“自我概念”在后现代文化中的境遇进行了明确的考察与分析[1]，并根据研究结果对后现代心理学的内容进行了展示与描述。自此，后现代主义社会心理学开始进入社会心理学的视野，各学者对后现代主义社会心理学的研究也开始逐渐深入。

三、后现代主义社会心理学的主要思想

后现代主义社会心理学还未形成系统、清晰的理论体系，但从已有的研究成果方面来看，可以得出以下 3 点主要思想。

（一）反对机械论和实证论，提倡经验论与相对主义

机械论是以力学为主要出发点，对自然、社会、精神等现象的因果关系进行解释与说明的机械图式。在后现代主义社会心理学看来，用机械论与实证论等以自然科学为基础的方法对社会心理学进行研究，会为社会心理学增加沉重的思想压力，将具有较强客观性、验证性的实证原理运用到社会心理学研究中是极其荒谬的。部分后现代主义社会心理学家表示，任何一种理论都只能在条件极为特殊的情况与背景下使用，他们倡导用经验论和相对主义来解决现实问题。

（二）蔑视低级心理研究，重视高级心理研究

后现代主义社会心理学家表示，对低级心理过程进行的大量研究是耗时且不具备任何意义的，因为那些能够从动物身上观察到的反射与感觉，难以用来说明人与人之间的差异，更不能用来展示社会文化的发展。对心理学特别是社会心理学来说，其研究要重视人的思维、创造性、人际关系、自我实现等更高级的研究内容，要将社会心理学与艺术、伦理学、社会学等建立积极的联系。

（三）提倡从整体论和文化的角度对人的心理进行研究

后现代主义社会心理学家认为，用自然科学的方法和实证、归纳、推理等手段对社会心理的规律进行研究是毫无意义的，并且还会将人与社会文化的关系完全分割。后现代主义社会心理学家反对用还原论、简约论等方法对人的心理进行

① 乐国安，2004. 西方社会心理学新进展［M］. 广州：暨南大学出版社 .

推测，提倡用历史文化学的研究方法对人的心理进行研究，认为这能够使社会心理学与社会现实结合得更加紧密。

四、后现代主义社会心理学的研究重点

后现代主义社会心理学的研究重点可分为以下几个方面。

（一）探讨人的社会性

当现代主义关注个体心灵、理性时，后现代主义则将研究的重点转向社会，力求从文化关系和社会互动中，挖掘在后现代社会中已经被商品化了的人性概念。后现代主义社会心理学家关注的是生活在商品化、信息化社会中的个体所具有的时空观、价值观、历史观将会产生何种变化。

（二）注重对语言的研究

语言作为人类社会中人与人进行沟通的主要工具，具有十分重要的作用。在现代主义的研究中，语言是个体用来表述内在心理状态的工具。但在后现代主义社会心理学家看来，语言并不是表达思维，而是规定思维，语言能够为个体提供一个认识世界的框架。因此，后现代主义社会心理学家将更多的重点放在了对语言的建构上，注重对语言的研究。

（三）倡导个体主义研究

后现代主义社会心理学家倡导减轻现代社会给人们造成的心理压力，让个人回归大众与自然中，或是通过宗教的方式减轻个体因自我奋斗而产生的焦虑与恐惧感。后现代主义社会心理学是对人本主义心理学所提倡的“自我实现”“自我中心”的否定之否定。[①]

① 华红琴，2017. 社会心理学原理与应用［M］. 上海：上海大学出版社 .

第三章　社会心理学的社会思维

社会思维又称社会认知，阐释的是我们如何看待他人的科学研究，本章从自我意识的认知、社会化、社会认识、社会态度4个角度对社会心理学的社会思维进行论述。

第一节　自我意识

一、自我意识的概念

广义的意识是指人对自己的属性、状态、行为、意识活动的认识和体验，以及对自身的情感意志活动和行为进行调节、控制的过程。在近代西方哲学界，一些哲学家赋予这一术语更多不同的含义。在康德哲学中，自我意识即先验的统觉的同义语，指主体意识对于经验材料的综合统一功能；在黑格尔的哲学体系中，自我意识则被视为人类精神在主观精神发展阶段上介于意识之后，理性之先的特定的意识形式。

自我意识也叫自我认知或自我，是一个人对自己的认识和评价，包括对自己心理倾向、个性心理特征和心理过程的认识与评价。正是由于人具有自我意识，才能使人对自己的思想和行为进行自我控制和调节，使自己形成完整的个性。

自我意识是人对自己身心状态及对自己同客观世界的关系的意识。自我意识包括3个层次：对自己及其状态的认识；对自己肢体活动状态的认识；对自己思维、情感、意志等心理活动的认识。自我意识不仅是人脑对主体自身的意识与反映，而且由于人的发展离不开周围环境，特别是人与人之间关系的制约和影响，所以自我意识也反映人与周围现实之间的关系。自我意识是人类特有的反映形式，是人的心理区别于动物心理的一大特征。

自我意识在个体发展中有十分重要的作用。首先，自我意识是认识外界客观事物的条件。一个人如果还不知道自己，也就无法把自己与周围相区别，他就不可能认识外界客观事物。其次，自我意识是人的自觉性、自控力的前提，对自我教育有推动作用。人只有意识到自己是谁，应该做什么的时候，才会自觉自律地去行动。一个人意识到自己的长处和不足，就有助于他发扬优点，克服缺点，取得自我教育的积极效果。最后，自我意识是改造自身主观因素的途径，它使人能不断地自我监督、自我修养、自我完善。由此可见，自我意识影响着人的道德判断和个性的形成，尤其对个性倾向性的形成更为重要。

二、自我意识的相关理论

（一）詹姆斯的自我理论

自我概念研究最早可追溯到美国心理学家詹姆斯（James，1891）对自我的讨论。詹姆斯将自我分为“主体我”和“客体我”，前者表示“自己认识的自我”，也即主动地体验世界的自我；后者表示人们对于自己的各种看法，如人的能力、社会性、人格特征以及物质拥有物等。客体我由3个要素构成：生理（物质）自我、社会自我和心理自我。

生理（物质）自我指个体对自己的躯体、性别、体形、容貌、年龄、健康状况等生理特质的意识。有时候，人们也将个体对某些与身体特质密切联系的衣着、打扮以及外部物质世界中与个体紧密联系并属于“我”的人和物的意识和生理自我一起统称为物质自我。

社会自我在宏观方面指个体对隶属于某时代、国家、民族、阶级、阶层的意识；在微观方面指对自己在群体中的地位、名望，受人尊敬、接纳的程度，拥有的家庭、亲友，以及其经济、政治地位的意识。

心理自我指个体对自己的智能、兴趣、爱好、气质、性格等诸多方面心理特点的意识。

生理（物质）自我、社会自我和心理自我既相互联系又相互区别，它们是个体自我意识的有机组成部分。

（二）米德的自我理论

米德（Mead，1934）以社会整体为研究视角，着重从社会和个体互动的角度来定义自我。他指出自我不是与生俱来的，而是社会化过程中产生的。他的主要观点为自我的主客体分化。像詹姆斯一样，米德也将自我分为“主体我”和“客体我”两个部分，主体我是自我主动、自主的部分，客体我是自我结构性的稳定部分。米德认为，客体我是“概化了的他人”和团体规范的总和，是从他人的立场上评价和预测自我的反身侧面。与客体我相对，主体我是由个人主体对他人态度进行反应的过程性自我，主体我的反应过程和倾向会受已经形成起来的客体我的引导，但主体我因为其冲动性和能动特征，有时会突破客体我的框架，产生创新性。客体我引导主体我的活动，而主体我的活动又定义和扩展客体我。二者相辅相成的动态过程，就是自我的活动和发展的基本形态。

（三）弗洛伊德的自我理论

弗洛伊德认为，自我是人格结构的重要组成部分之一，另外两个组成部分是本我和超我。

本我力图表现自己，超我努力压抑本我，形成冲突。按照弗洛伊德的理论，如果本我与超我的冲突不能再被压抑就会出现两种结果：一是出现精神疾病；二是人在痛苦的挣扎中实现人性的升华。弗洛伊德在自我领域产生重大影响的同时，也因为其理论不容易被验证而受到批评。弗洛伊德的许多弟子都修改发展其理论观点，其中埃里克森提出的自我同一性危机理论是影响最大的理论之一。

（四）埃里克森的自我同一性危机理论

埃里克森（Erikson，1950，1968，1982）描述了人类发展的 8 个阶段。他强调自我的作用并不只是调节自我冲动与超我要求之间的关系。在每一个阶段，个体都有一项心理社会性任务要完成。直面每一项任务都会产生冲突，且伴有两种可能的结果。如果冲突得以解决，一种积极的品质就会在个性内植根，更进一步的发展就会开始。如果冲突持续下去，或者没有得到完满的解决，自我就会受到损害，因为它整合了一种消极品质。

（五）罗杰斯的自我概念理论

罗杰斯（Rogers，1951，1959）认为，自我概念是个人现象场中与个人自身有关的内容，是个人自我知觉的组织系统，他代表一个人看待自身的方式。自我概念控制并综合对环境知觉的意义，高度决定个人对环境的反应。此外，罗杰斯还区分了与现实自我相对应的理想自我。

现实自我指个体对自己受环境熏陶炼铸，在与环境相互作用中所表现出的综合的现实状况和实际行为的意识。它是自我状况和社会存在的真实反映。

理想自我指个体经由理想或为满足内心需要而在意念中建立起来的有关自己的理想化形象。理想自我的内容也是客观社会现实的反映，包括对来自他人和社会规范要求的反映以及它们是否满足个体需要的反映。

罗杰斯关于自我研究的一个重要贡献是对自我差距的关注。他认为个人的理想自我是自我的一部分，是人们向往的自我。理想自我与现实自我越接近，个人就感到越幸福和满足；如果二者差距很大，就会造成不愉快和不满足。自我差距理论不仅对解释与自我有关的许多现象都具有重要价值，而且也可以直接用于心理治疗实践。

三、自我意识的结构

自我意识是一种多维度、多层次的复杂心理现象，它由自我认识、自我体验和自我控制 3 种心理成分构成。这 3 种心理成分相互联系，相互制约，统一于个体的自我意识之中。从认识形式来看，它表现为自我感觉、自我概念、自我观察、自我分析和自我评价等，统称为自我认识；从情绪形式来看，它表现为自我感受、自爱、自尊、自卑、责任感、义务感和优越感等，统称为自我体验；从意志形式来看，它表现为自立、自主、自制、自强、自卫、自律等，统称为自我控制。

自我意识的结构是从自我意识的3个层次，即从知、情、意3个方面分析的，是由自我认识、自我体验和自我控制（或自我调节）3个子系统构成。因此，自我意识也叫自我调节系统。

（一）自我认识

自我认识是自我意识的认知成分。它是自我意识的首要成分，也是自我控制的心理基础，它又包括自我感觉、自我概念、自我观察、自我分析和自我评价。自我分析是在自我观察的基础上对自身状况的反思。自我评价是对自己能力、品德、行为等方面社会价值的评估，它最能代表一个人自我认识的水平。

自我认识是主观自我对客观自我的认识与评价，是自己对自己身心特征的认识，自我评价是在这个基础上对自己做出的某种判断。正确的自我评价对个人的心理生活及其行为表现有较大影响。如果个体对自身的估计与社会上其他人对自己的客观评价距离过于悬殊，就会使个体与周围人们之间的关系失去平衡，产生矛盾。长此以往，将会形成稳定的心理特征，如自满或自卑，不利于个人心理的健康成长。

自我认识在自我意识中处于基础地位，属于自我意识中“知”的范畴，其内容广泛，涉及自身的方方面面。

（二）自我体验

自我体验是自我意识在情感方面的表现。自尊心和自信心是自我体验的具体内容。自尊心是指个体在社会比较过程中所获得的有关自我价值的积极评价与体验。自信心是对自己的能力是否适合所承担的任务而产生的自我体验。自信心与自尊心都和自我评价紧密联系在一起。

自我体验是主体因对自身的认识而引发的内心情感体验，是主体我对客体我所持有的一种态度，如自信、自卑、自尊、自满、内疚、羞耻等。自我体验往往与自我认知、自我评价有关，也和自己对社会的规范、价值标准的认识有关，良好的自我体验有助于自我控制的发展。进行自我体验训练，可以让人有自尊感、自信感和自豪感，不自卑，不自傲，不自满，随着年龄的增长，让人懂得做错事感到内疚，做坏事感到羞耻。

客体我能否满足主体我的要求，往往与个体的自我认知、自我评价和个体对社会规范、价值标准的认识有关。自我体验的内容十分丰富，如自尊心与自信心、成功感与失败感、自豪感与羞耻感等。

自尊心是一种内驱力，激励着个体尽可能地努力获得别人的尊重，维护自己的荣誉和社会地位。自信心是对自己智能与精力的坚信，使个体遇难而进，走向成功。

成功感和失败感是根据个体的自我认知与自我期望水平来确定的，决定于个体的内部标准。例如，当个体在完成某项工作时，他人认为个体未获得成功，而个体可以认为自己取得了成功，或者是他人认为个体已取得成功了，而个体自己却认为是失败的。由于个体的自我期望水平要受社会的期望标准的影响，因而，决定个体成功与失败的情绪体验的内部标准在一定程度上要与社会的共同标准相适应。当个体体验到成功感时，就会产生积极的自我肯定，向更高的目标进取；反之，当个体体验到失败感时，则常会产生消极的自我否定，闷闷不乐，甚至放弃努力。由此可见，如何恰当地处理自我体验，对个体的身心发展具有重大的意义。

（三）自我控制

自我控制也叫自我调节，是自我意识的意志成分。自我控制主要表现为个体对自己的行为、活动和态度的调控，它包括自我检查、自我监督等。自我检查是主体在头脑中将自己的活动结果与活动目的加以比较、对照的过程。自我监督是一个人以其良心或内在的行为准则对自己的言行进行监督的过程。自我控制是主体对自身心理与行为的主动的掌握。

自我控制是自我意识中直接作用于个体行为的环节，它是一个人自我教育、自我发展的重要机制，自我控制的实现是自我意识能动性的表现。自我意识的调节作用表现为：启动或制止行为；心理活动的转移；心理过程的加速或减速；积极性的加强或减弱；动机的协调；根据所拟订的计划监督检查行动；动作的协调一致等。

自我认识主要解决“我是一个什么样的人”的问题，例如，有人观察自己的体形，认为属“清瘦型”；分析自己的品性，认为自己是个诚实的人；用批评的眼光审视自我时，觉得自己脾气急躁，容易冲动。自我体验主要涉及“对自己是否满意”“能否悦纳自己”这类问题，如有人感到自卑，因为自己长得不好看，所以对自己感觉不满意，甚至不愿意接受这个丑陋的“我”。自我控制则要解决“如何有效地调控自己”“如何改变现状，使自己成为一个理想的人”之类的问题。3 个方面整合一致，便形成了完整的自我意识。

四、自我意识的性质

（一）社会性

自我意识的形成和发展过程实际上就是个体角色化的过程。一个刚出生的婴儿只是一个自然的实体，一个生物的人，甚至还比不上动物，具有较大的依赖性，必须得到成人的关怀和照顾才能长大成人，产生人的意识。如果婴儿从一开始就被剥夺了人类的社会环境，与动物生活在一起，就会由于失去了人类的社会文化环境和物质生活条件而不能形成人的意识。因此，一个人只有处在人类的社会环境中才能发育成长，并在成长的过程中逐渐产生对周围世界的认识，与此同时，也产生对自己的认识，即形成自我意识。

（二）形象性

自我意识是个体在周围人们的期待和评价过程中，通过自己的主观体验而逐渐发展起来的。当个体觉察到对方的态度和言语中所包含的内容时，自我意识的内容也就得到了丰富。因此，从本质上来说，个体的自我意识就是从他人对自己的情感和评价中发展自我态度。心理学家柯里把自我意识的这一侧面称为“自我形象”。他说：“人与人之间相互可以作为镜子，都能照出他面前的人的形象。”人们由于把自己的容貌、姿态、服装等作为自己的东西，通过对镜子中的形象的观察，以一定的标准衡量美与丑，便会产生喜悦和悲哀。同样，个体在想象自己在他人心目中关于自己的姿态、行为、性格时，也会时而高兴、时而悲伤。

一个人正是由于在与周围人们的接触中，注意到他人对自己的态度，想象他人对自己的评价，并以此为素材构成一个客观标准而内化到自己的心理结构之中，才形成了自我形象。所以，个体的自我形象和自我情感体验依存于个体与他人的接触，它是在想象他人对自己的判断和评价中形成的。

（三）能动性

人对自身，以及自身和周围关系的存在，是通过自我意识获得的，正因为人们具有自我意识，人们才能够认识到自己在想什么、做什么和体验着什么。一个人只有认识到自己的痛苦才会有痛苦之感；只有认识到自己与周围的利害关系，才能体验到自身的安全，知道一些事情为什么这样做而不那样做；同样，一个人只有意识到自己行为错误的时候，才能够主动地矫正自己的行为，改变和修正原来的计划。人们在行动之前，行动的结果、行动的动机和行动的方式就在自己的头脑中观念性地存在了，而人们在行动之前确立行动目标、制订行动计划、选择行动方案、实现预期结果的一切活动，都是在人的自我意识参与下完成的。

五、自我意识对个体活动的意义

自我意识是人类特有的心理现象，旨在了解自己、认识自己、控制自己，以调节自己的行动，更好地适应环境。

（一）提高了人的认识功能

人的认识活动如感觉、知觉、记忆、想象、思维等，都由于自我意识的存在而更加自觉、合理和有效。

元认知就是对认识过程的认知。人不仅能对外部世界的对象进行感觉、知觉、记忆、想象和思维，还能对自己的这些认识过程本身进行认知，即对这些过程加以分析、监督和调整。通过对自身认识过程的认知，人就有可能发现原有认识活动的不足，可以选择和运用更好的认知策略，使认知活动更加完善、有效。

（二）使人拥有丰富的情感世界

人们只有意识到“自我”的独一无二、与众不同，才会逐渐产生孤独感；体验到自尊的需要，才会产生与自尊相联系的羞耻感和腼腆感。由于发现了一个自己的内部世界，人们才时常感到内在自我和外在行为的种种不符或冲突，从而产生苦闷、彷徨等新的情感。

（三）促进了人的意志的发展

意志以人确定的行为目的为开端。个体意志力的表现与动机的性质和力量密切相关。社会意义丰富的动机通常比社会意义贫乏的动机更能支持人的意志行为，但社会意义丰富与否，是要通过行为者的个体意识从主观上加以认定的。

（四）自我意识是道德的必要前提

人的“自我”概念不仅包含现实自我，还包含理想自我。由于人不是游离于社会之外的抽象的个体，自我概念就不能不受到生活于其中的社会规范的制约。社会道德就在个人的自我意识中找到了可以存在的处所，也找到了可以调节、激发（或抑制）个体心理与行为的杠杆。就个体方面来说，一个人的自我意识中包容了道德、信念和道德体验，以及与之相联系的责任、义务、使命、荣誉等价值观念的内容。

六、提高自我意识的途径

人的一生是一个不可逆的过程，要提高人的社会价值，使人生更有意义，就必须善于认识、设计、安排和控制自己，使个人的发展与社会的进步相协调。应尽可能地去发展每个人的自我控制能力。这样不仅有利于每一个人，而且有利于整个社会和人类。

（一）正确的自我认知

全面而正确的自我认知是培养健全的自我意识的基础。自我认知是从多方位建立的，既有自己的认识与评价，也有他人的评价。我们不妨自己认真仔细地想一想，用尽量多的形容词来描述自己，要忠实于自己的内心。在此基础上，进行第二步——他观自我的描述，描述父母眼中的我、同学眼中的我、老师眼中的我、恋人眼中的我、兄弟姐妹眼中的我等，再寻找这些描述中共同的品质，将其归类，描述的维度越多，越能找到比较正确的自我。

（二）客观的自我评价

一个人的自我评价必须建立在正确的自我认知基础上，即正确的自我悦纳、积极的自我体验、有效的自我控制。

自我悦纳是自我意识健康发展的关键所在。自我悦纳首先要接纳、喜欢、欣赏、体会自己的独特性。在此基础上，体验价值感、幸福感、愉快感与满足感；其次是理智与客观地对待自己的长处与不足，冷静地看待得与失。在生活中注重自我，自我意识是将注意力集中在自我的一种状态。积极的策略是关注自己的成功，并将优势积累，每个人身上都有无数的闪光点，重点在于寻找自己的闪光点并将其构成亮丽的人生风景线。

（三）积极的自我提升

（1）提高自我效能感。提高自我效能感是个体在一定情境下对自我完成某项工作的期望与预期。当人们期望自己成功时，必然会尽自己最大的努力。并且，当面临挑战性任务时，会表现出更强的坚持力，从而增加成功的可能性，自我效能感高的人一般学业期望较高。

（2）克服自我障碍。人们经常会有这样的感觉：体验对自己能力程度的焦虑带来的不安全感，这便是一种自我障碍。一个渴望自我发展的人必须主动克服自我障碍，进行积极的自我提升与自我尝试，积极的自我在尝试中会发现自己的新的支点。

（四）关注自我成长

自我的发展需要不断地自我反思和自我控制，但将成长作为一条线索贯穿于人的始终时，整理自己成长的轨迹显得尤为重要，依照过去、现在、未来进行清理，深刻了解与把握自己。自我体验永远是个体的，当我们在分享他人自我成长的硕果时，也在促进我们自己的成长。

第二节　社会化

一、社会化的概念

（一）社会化的定义

关于社会化的概念有不同的说法。以美国 S. 柯尼格为代表的学者，从社会规范的观点来解释社会化，认为社会化是一种过程，个人由此成为他所出身的那个社会的一分子，他的一举一动都符合该社会的民俗民德。以美国 E. A. 罗斯为代表的学者，从社会意识（群属之感）的观点来解释社会化，认为它是在团体中与同伴产生共同行动的能力和意志时的一种群属之感的发展。以孙本文（1935）为代表的学者，从行为改变的观点来解释社会化，认为社会化有无数的刺激约束个人的反应，使之成为社会所规定的行为，这种作用即称为个人社会化。

笔者认为，社会化是个体在社会的影响下，为适应现在及未来的社会生活，通过学习，形成与社会一致且有自己特色的态度、情感、行为习惯与品格，并取得社会成员资格的成长过程。社会化就是由自然人到社会人的转变过程，每个人必须经过社会化才能使外在于自己的社会行为规范、准则内化为自己的行为标准，这是社会交往的基础，并且社会化是人类特有的行为，只有在人类社会中才能实现。

集群营生的动物的幼体，在其集群的哺育中接受各种陶染，获得将来结成个体间关系上所必需的素质的过程。通过实验表明，在这个过程中，正常地产生这种素质需要适当的时间，如果脱离这段时间，则社会化是不可能的，将来这个个体就不能与同种其他个体产生正常的个体间关系。对人来说也存在同样的过程，波特曼（A. Portmann）认为，人在出生后的一年中，如果说是处在其他动物所没有的“子宫外胎儿期”，则正是这个时期的社会化才创造人的生物学特性，这是很重要的。

个人凭借其生理特点（主要是神经系统，尤其是脑）在社会实践中通过学习获得符合特定社会要求的知识、技能、习惯、价值观、态度、理想和行为模式，成为具有独特人格的社会成员并履行其社会职责的过程。在社会生活中，一个人自出生后就接受社会的影响，开始了社会化的过程。据美国 L. P. 利普塞特在产科医院进行的研究表明，婴孩在出生后 3 ~ 4 天就能形成经典性条件反射，如吸吮反射。这是新生婴孩初次接触社会因素形成的人的心理活动，是个体社会化的起点。社会化过程的实质是个体反映社会现实的过程，从心理学来看，就是社会现实内部化的过程。

从社会互动角度来说，没有社会化就没有社会。社会化不仅对个人的生存发展是至关重要的，而且对社会的生存和有效运作也是如此。只有当一个社会的成员一起行动，共同支持、维护这个社会的时候，社会才会生存下去，所以每个社会都塑造成员的行为来达到目的（角色承担）。从社会的观点来看，当人们感觉到自己想做的正是社会期待的，这期待也更好地满足了社会的利益和要求的时候（学习、领会并遵从群体和社会对这一地位的角色期待），社会化才能有效地运作和发展。

从文化的角度定义社会化。社会化是社会对个人的文化教化和个人对社会主动选择与能动调适的统一过程。社会化的文化角度在于，与个人相关的特定文化要素，如生活专业技能、价值体系、社会规范等，正是社会化的基本内容。对个人来说，社会化就是指社会新成员的文化习得，接受文化遗产，包括习俗、礼仪、语言、价值观念等一切方面；对社会来说，社会化就是保持社会文化传承和社会生活延续的过程和功能。文化传承的类型有传递和内化两种，有前人向后人的纵向传递，也有地区间的横向渗透，还有新文化的创造和发展。

（二）社会化的基础

1. 人类有较长的生活依附期

人与动物的一个很大的区别就是人从生下来一直到能独立生活，有一个比较长的对父母或监护人的生活依附期。这个生活依附期受文化传统、经济和社会发展水平的影响，每个人有所不同，持续 13 ~25 年。总的来说，随着经济和社会的发展，生活依附期有变长的趋势。较长的生活依附期，给个体接受社会化提供了非常有利的条件。个体可以在家庭、学校和社会接受广泛的教育，学习生活和生产技能、道德规范，学习并获得社会角色，树立人生理想。生活依附期的社会化，是个体未来适应社会生活的基础。

2．人类的遗传提供了社会化的可能性

人脑有 100 亿个以上的神经细胞，这些神经细胞组成异常复杂的神经网络，成为自然界最神奇、最完备的信息加工系统。人脑的神经网络不仅使人能掌握语言，进行学习，积累知识和经验，而且使人具有抽象思维能力，表现出巨大的能动性，使人类具有超越本能的能力。没有人脑的智能作为基础，个体的社会化是很难顺利完成的。

二、社会化的基本特征

人的社会化过程实质上是人与各种社会环境之间的一种相互作用，在相互作用中，人逐步学会各种知识技能和规范以及人类社会的文化成果。而社会也实现了对个人的教化、引导和控制，使人类的历史文化代代相传。社会化具有如下特性。

（一）主动性

每个人对社会现实的反映都有一定的选择性，其社会化是主动的，而不是被动的。

发展心理学的研究表明：在婴儿阶段，个体就已经表现出积极主动性，至少从出生 6 个月起，婴儿就可以用诸如哭和笑，作为达到目的的手段。由此可见，个体的社会化从一开始就表现出主动性，这种主动性体现在两个方面：一是社会化的个体之间的相互作用，也就是说，个体既被社会化，也影响其他个体的社会化。个体既是社会化的主体，也是社会化的客体；二是个体自身的因素也决定着个体的社会化。

社会化不单是个体之间的相互作用，也不仅是个体接受社会影响，这些只是个体社会化的外部动因，个体先天具有的素质为个体的社会化提供了可能性。动物由于先天的遗传素质与人不同，即使生活在人类社会中，不管进行怎样的训练，也不可能发展成为人。而狼孩回到人类社会中，却能部分地获得人的特性。由此可见，具有人的遗传素质是自然人向社会人转变的必要条件。

（二）强制性

个体的社会化具有社会强制性。个体从母体中分娩出来之时，就置身于复杂的社会环境之中，而个体只要在社会中生活，就不能不受到社会的作用。社会以各种各样的方式影响个体的身心发展，个体的行为模式也在不断地被周围的人所塑造，这是不以人的意志为转移的。在个体生命发展的早期阶段，个体更多地接受社会的影响，较少具有选择性。而随着年龄的增长，生活经验的日益增多，个体的社会化越来越多地表现为个体能动性。

（三）终身持续性

在与社会环境的相互作用中，个体社会化不断进行。当然，仅从自然人到社会人的初步转变是不够的。社会人也是处在不断发展、变化之中的，因此，从自然人向社会人的转变是一个终身不间断进行的过程。个人的社会化可相对区分为两个发展阶段：一是从出生到成年的社会化的初步完成阶段；二是继续社会化的阶段。而在社会的不同发展阶段，还存在一个再社会化的问题。由于社会现实的不断发展、变化和一个人一生经历中地位、职责的变化，个体社会化不是一次完成的，而是一个连续的过程，它贯穿于人的一生。

三、社会化的心理机制

（一）社会学习理论

社会学习理论是美国心理学家阿尔波特·班杜拉（Albert Bandura）提出的社会心理学基础理论，这一理论源于行为主义学派的强化学习理论，即学习从本质上说是受到积极强化、消极强化、无强化、惩罚的影响，而改变了行为的发生概率。

社会学习理论认为，不仅加诸个体本身的刺激物可以让其获得或失去某种行为，观察别的个体的社会化学习过程也可以获得同样的效果。

（二）社会比较理论

社会比较理论是美国社会心理学家 L. 费斯廷格（Leon Festinger）1954 年提出的一种关于自我评价及亲和行为的理论。他认为个体都具有一种评价自己的驱动力，在缺乏客观的、非社会标准的情况下，便会以他人作为比较的来源与尺度，通过对比来评价自己的态度、能力和反应的适宜性。费斯廷格指出，当涉及个体的情绪和情感时，很难有客观的标准去说明一个人的情感是否适合一种情境，他人的态度、情绪等表现就成了信息的唯一源泉，即个体的任何情绪反应的合适程度，都可以通过其他人提供的信息来确定。该理论还认为，人们总是愿意和自己处境相似的人进行比较，相似程度越高，社会比较的驱动力就越强。在相互比较的过程中，总会产生不确定性，激发一种自己和他人对比的要求。有时这种对比的要求会非常强烈，以至于即使有方便的客观标准存在，个体还是会进行社会比较。

四、社会化的基本目标

社会化所要达成的目标是非常广泛的，凡是与适应社会生活、成功履行一个人的社会角色有关的知识、态度、情感、行为方式与思想观念、生活技能等，都属于社会化的目标。

通常人们在分析社会化的目标时，一般强调价值观念、行为规范与社会技能的社会化，或是从社会领域来划分，强调政治社会化、法制社会化、道德社会化、语言社会化。本质上，人的社会化是从掌握语言开始的，其他一切社会化目标的实现，也是以语言社会化为前提的。

按照符号互动理论的提出者米德的观念，语言是人们理解别人和使自己为别人所理解的工具，人只有在掌握语言之后，才能够理解、接受社会态度与习俗，并由此来塑造自己的个性，才可能知道别人的体验与自己的体验的区别，使自我得以分化。语言是个人超越自我、联系社会，使自己成为整体社会的一个自然部分的桥梁，没有语言，就没有自我。这意味着，没有语言，也就不可能有社会化的实现。

社会化这一概念本身的视角，强调的是社会对个人的影响和个人对社会的适应，而不强调个人反过来影响社会和社会自身对个人的调整与适应。事实上，从人类社会产生的那一天起直到今天，尽管人们一直不懈地努力使社会朝向为每一个人造福的理想境界发展，但实际状况却是社会中还存在许多不公正、不平等、不合理，某些人不恰当地获得过多特权，而另一些人的正当权益得不到保障。对于任何一个社会，个人由于不断变化与发展的欲求激发的创造性和不懈地追求都是社会改革与发展的一种动力。因此，一个理想的社会需要在强调社会化的同时发展一种容纳个人创造性和合理追求，使社会自身得以不断改革的机制。

五、社会化的基本内容

（一）政治社会化

政治社会化是指个体形成某一特定社会所要求的政治信仰、态度和行为的过程。它体现在如何对待政治制度、政治生活方式、政策以及个体政治观念的发展等问题上。在不同的社会制度和阶级中，个体政治社会化有不同的内容和方向。关于政治社会化问题在各国社会心理学领域仅有少量的研究。美国 R. 赫斯 1969 年做了一项关于儿童政治观念发展的研究。他提出很多政治问题让各个年级的儿童回答，发现很多年龄比较小的儿童把美国政府与美国总统混为一谈，三年级以上的儿童才能区别担任政府职务的个人和政府机构。这说明个体政治化是发展的，并且与一定的知识文化水平有关。

政治社会化是社会个体通过接触和学习某种政治文化，培养政治立场（包括信仰、政治情感和政治态度等）和参与政治的能力。从个体来讲，它培养个体的政治参与热情和能力；从社会来讲，它培养个体对政治制度和政治价值的认同、忠诚和责任感。

（二）道德社会化

道德社会化是社会成员通过社会互动，学习道德规范，内化道德价值，培养道德情操的过程，是个体形成某一特定的社会道德标准和与之相符的行为的过程。在不同社会制度和阶级中，道德社会化有不同的内容和方向。美国 L. 科尔伯格 1966—1976 年用他设计的 9 种“道德两难困境”进行的研究表明，个体道德社会化的发展有阶段性。

道德是社会规范体系的一个重要组成部分，具有重要的社会动员、整合和控制功能。迪尔卡姆曾经说过一致性的道德规范是社会团结的基础。道德社会化是个体将社会道德规范逐渐内化，成为自己行为准则的过程，包括道德观念和道德判断、道德情感、道德行为。

1．道德观念和道德判断

道德观念指道德的主观方面，反映历史上变化和发展着的道德关系，是道德中的认知成分。皮亚杰认为，道德判断的发展过程是从他律到自律，从效果到动机。

2．道德情感

道德情感是伴随道德观念的内心体验。道德情感的形式可能是直觉的体验，也可能是形象的体验和深层体验。道德情感的内容包括正义感、劳动情感、集体荣誉感、爱国情感等。

3．道德行为

道德行为是指个人对他人与社会有道德意义的行动。

（三）语言社会化

个体社会化从掌握语言开始，全部社会化是以语言社会化为前提的。语言包括语词、语音和其他意义符号，是一种取得共识的符号系统，是人们思维和相互交流的手段，个体掌握一种语言后，才能接受相应的社会习俗和态度，塑造自己的人格。

语言是个体与他人及社会联系的纽带。语言集中反映了文化，掌握某种语言的过程本身就是社会化的过程。因为语言中蕴含的知识、规范与观念必然对掌握这种语言的个体产生深刻的影响。语言社会化在个体社会化中占据特别重要的地位。

（四）性别角色社会化

性别角色社会化是个体在社会生活中学会按自己的性别角色规范行事的过程。

社会、民族、文化、风俗不同，对男性和女性各有不同的期望和规范。心理上的男、女差别是社会造成的。美国R.罗森克兰茨等1968年做了一项研究，要求被试（大学生）举出所有的描述普通男人和普通女人的形容词。其结果反映出在美国大学生中存在很深的男性优于女性的性别角色成见，表明社会对男、女在态度、角色和行为方式等方面有不同的期待。由于生物的“性”不同，社会对其所期待的也不同，因而出现了思维方式与行为方式的差异。这种差异与生理特征没有必然联系，不是天生的，而是社会化的结果。

家庭对性别角色社会化的影响是通过性别期待与认同、模仿等机制实现的。婴儿从出生起，双亲就按其不同的性别要求加以培养教育。例如，在衣着、玩具、说话方式、行为表现等方面，双亲对男婴与女婴的要求是不同的。此外，婴儿的性别认同也不一样：女婴模仿母亲，男婴模仿父亲。

儿童进入学龄期以后，学校和社会从多方面强化男女两性的角色差异。例如，学校和教师在课余生活、体育锻炼项目等方面对不同性别的学生有不同的要求。

（五）民族社会化

民族社会化指热爱和忠于所属民族的优良传统、风尚、风俗，但这并不是盲目排外或把自己所属民族凌驾于其他民族之上。

（六）法律社会化

法律社会化指个体形成某一特定社会要求的法律观念和遵守法律行为的过程。在不同社会制度和阶级中，个体法律社会化的内容和方向不同。据美国J. L.塔普等（1974、1976）对丹麦、希腊、意大利、印度、日本、美国6个国家的四年级、六年级和八年级这3个年级5000名学生所进行的研究，发现被试的法律推理有3种水平：（1）习俗前水平：因害怕惩罚而遵守法律，不明白必须遵守法律的道理。这是一种比较低级的水平；（2）习俗水平：以社会需要有控制管理才能使这个社会有秩序和存在下去这种习俗的认识，去理解为什么要制定法律。这是一种中等水平；（3）后习俗水平：能通过抽象的法律概念来证明法律存在的合理性，懂得为什么要遵守法律的道理。塔普等的研究对象后来从四年级、六年级和八年级学生扩大到成人和学前期幼儿。根据研究的结果认为，这6个国家的儿童和成人，绝大多数只达到中等水平，能达到后习俗水平者为数极少。

（七）职业社会化

职业社会化指个体按社会需要选择职业、掌握从事某种职业的知识和技能，以及从事某种职业后进行知识、技能更新的再训练过程。

第三节 社会认知

一、社会认知的概念

社会认知是指人们根据环境中的社会信息推论人或者事物的过程。具体来讲，就是指人们选择、理解、识记和运用社会信息做出判断和决定的过程。它是依据认知者的过去经验及对有关线索的分析而进行的，是认知者、被认知者和情境等因素交互作用的复杂过程。然而，由于人们对他人的社会行为进行推测与判断时，往往根据自身的经验与体会来认识他人当时潜在的心理状态，因此，这种推测与判断会发生偏差，造成错误与偏见。在一些社会心理学书中，你可能会看到社会认知也被称为社会知觉，但在这里，笔者认为认知既包括了对人、群体的外部特征的知觉，而且也涉及了推理、判断等思维的深度加工，因而称为社会认知。

社会认知的过程可分为 3 个连续的阶段：社会认知始于社会知觉研究。1947 年，美国心理学家布鲁纳率先提出社会知觉这个概念。社会知觉是指受到知觉主体的兴趣、需要、动机、价值观等社会心理因素影响的对人的知觉。随着人际知觉领域研究的兴起，社会知觉被等同于人际知觉（或称对人知觉）。人际知觉是指对他人或自我所具有的各种属性或特征的整体反映，其结果即形成关于他人或自我的印象。人际知觉是社会认知的一种特殊形态，即以人作为对象的知觉。社会知觉服从于社会认知的普遍规律，同时也具有一般社会认知所不具有的特点。20 世纪 60 年代之后，随着认知心理学的兴起，社会认知的概念逐渐取代了作为术语的社会知觉和人际知觉的主流地位，指代个体对他人的心理状态、行为动机和意向做出推测和判断的过程，属于人的思想活动的范畴。

由于学者对社会认知的理解不尽相同，社会认知的定义也有若干种。比较有代表性的有以下几种：

（1）有些因素会影响人对信息的获得、表征和提取，社会认知主要研究这些影响因素，以及这些影响因素与知觉者的判断之间的关系。

（2）社会认知通常是指两种认知：关于人、群体的认知和人具有情感、动机态度的认知。

（3）社会认知通常是指对人、自我、人际关系、社会群体、角色和规则的认知，以及对这种认知与社会行为之间关系的认识和推论。

（4）社会认知研究的对象是那些发生在他人和自己身上的心理事件以及人们对社会关系的思考。

（5）社会认知是人们根据环境中的社会信息形成的对他人或社会群体、社会角色及自身经历作出的推论。

综合以上定义，可知社会认知有两个基本特征：一是，社会认知是人对社会性事件的认识和加工；二是，人的社会认知对其社会行为能起到一定的调节作用。因而，我们可以知道社会认知就是认知主体对认知客体外在特征的认识、对认知客体内在特征的推理与判断，以及对认知主体与认知客体之间关系的理解与推断。简言之，社会认知是认知主体对他人、对人际关系的社会信息加工以及与之相伴的自我省察过程。

二、社会认知的特征

每个人都有其独特的背景和经验，这些背景和经验会随时间而不断地变化或积累。因此，人们对同样的社会信息可能会做出不一样的反应。作为一种特殊的社会心理过程，社会认知具有以下特征。

（一）社会认知的选择性

对于同样和同量的刺激，每个人的反应是不一样的。每个人都有独特的经验和认知结构，并且依此做出自己的反应，人会根据自己的喜恶选择某部分信息，而忽略其他信息。对于会使人压抑或难受的人或事，人往往会采取逃避的方式忽略它们。这种选择由两个因素决定：一是以往的报偿和惩罚原则的体验；二是刺激物的作用强度。

（二）社会认知反应的显著性

这主要是指在一定的社会刺激下，个人心理状态、情感、动机所发生的某些变化，这种变化随着个人对社会刺激的意义所理解的程度而转移。刺激物的意义越重大，认知反应就越明显。对刺激物的意义漠不关心的人，认知反应就不那么强烈，甚至无动于衷。

（三）社会认知的防御性

个人为了与外界环境保持平衡，适应社会，从而应用认知机制抑制某些刺激物的作用就是认知的防御。个体在情绪困扰的状态下对社会客体的反应，与在中性情绪的作用下的反应显然是不同的。防御的目的是维持自我的完整。

（四）认知的完形特征

人们在社会认知的过程中自觉或不自觉地贯彻了完形的原则，即个人倾向于将有关认知客体的各方面特征材料加以规则化，形成完整的印象。人倾向于在见到认知对象之后就开始勾勒对它的印象，通过已知的各种信息和自己的推想或幻想来丰富被知觉者的特性，使之规则化、完整化，并在今后的接触中检验这种知觉印象。如果知觉对象给人的印象是自相矛盾的，如一会儿亲和友善，一会儿冷酷无情，那么人就会试图寻找更多的信息来协调这种认知矛盾。

三、认知方式

认知方式也称认知风格，是指人们在认知活动中所偏爱的信息加工方式。它是一种比较稳定的心理特征，个体之间存在很大的差异。认知方式有场依赖型和场独立型、冲动型和沉思型、具体型和抽象型。

（一）场依赖型和场独立型

场依赖型的人对客观事物的判断常以外部的线索为依据，其态度和自我认知易受周围环境或背景（尤其易受权威人士）的影响，往往不易独立地对事物做出判断，而是人云亦云，从他人处获得标准。行为常以社会为定向，社会敏感性强，爱好社交活动。因此，这类人适合那些强调“社会敏感性”的教学方法。

场独立型的人对客观事物的判断常以自己的内部线索（经验、价值观）为依据，他们不易受周围因素的影响和干扰，倾向于对事物的独立判断。行为常是非社会定向的，社会敏感性差，不善于社交，关心抽象的概念和理论，喜欢独处。因此，他们不适合于那些“社会敏感性”的教学方法，更喜欢自己独立思考，独立学习。

（二）冲动型和沉思型

冲动型的人在解决认知任务时，总是急于给出问题的答案，他们不习惯对解决问题的各种可能性进行全面思考，有时问题还未搞清楚就开始解答。这种类型的人认知问题的速度虽然很快，但错误率高。冲动型的人在运用低层次事实性信息解决问题时占优势。

沉思型的人在解决认知任务时，总是谨慎、全面地检查各种假设，在确认没有问题的情况下才会给出答案。这种类型的人认知问题的速度虽然慢，但错误率很低。沉思型的人在解决高层次问题中占有优势。

（三）具体型和抽象型

具体型的人在进行信息加工时，善于比较深入地分析某一具体观点或情境，但必须向他们提供尽可能多的有关信息，否则很容易造成他们对问题的偏见。研究表明，这类人在结构化教学方法（如演绎法和讲解法）之下，成绩会更好。抽象型的人在对事物进行认知时，能够看到某个问题或论点的众多方面，可以避免刻板印象（对人与事物认知的先入为主性），能够容忍情境的模糊性。

四、社会认知过程中的分类与图式

尽管人们有许多有关他人的信息，但是，在处理这些信息时并非全部加以处理。麦奎尔（McGuire，1969）认为，人是一个认知的吝啬者，在知觉他人时，常常试图去掉琐碎的信息以节省精力；人们并不去知觉或记下所有信息，而只是从发生的事件中挑出对形成印象所必要的信息。菲斯克和泰勒（Taylor，1991）对社会认知的定义是：人们根据环境中的社会信息形成对他人或事物的推论。而在社会认知过程中，分类与图式都是最重要的。

（一）分类

在认知他人的时候，人们并不是把某个人当成独立的个体，而总是立即并自动将之归到某一类中，这个过程就是分类，它是自发的、立即的。心理学家坎特（Cantor，1977）等指出，人们在分类的时候往往以他人或事物与原型的相似性来分类，也就是将被分类的物体与该类物体的一个典型或理想的范例相比较，这个范例就是原型。

对于他人的分类，人们最初的分类标准是性别，也就是说，当看到一个陌生人的时候，首先会把其归入男性或女性，然后才对其做进一步的分类。通过简单的分类，人们对他人或事物的认识就大大地被简化，可以使人节省不少的认知资源。

（二）图式

图式的概念是由泰勒及克洛克提出来的，它是指一套有组织、有结构的认知现象，它包括对所认知物体的知识、有关该物体各种认知之间的关系及一些特殊的事例。心理学家根据不同的包含内容把图式分为个人图式、自我图式、团体图式、角色图式和剧本。

1. 个人图式

个人图式指人们对某一特殊个体的认知结构。

2. 自我图式

自我图式指个体在以往经验基础上形成的对自己的概括性认识。如一些人可能认为自己聪明，有同情心，以及乐于助人，这些都是自我图式的内容。

3. 团体图式

团体图式是指人们对某个特殊团体的认知结构，有时候也叫团体刻板印象。团体图式使人们将某些特质归于一个特殊团体的成员所共有。

4. 角色图式

角色图式指个体在社会化过程中，通过知识经验的积累形成的有关各种角色的特定态度、品质和行为方式的概括认知结构。

5. 剧本

剧本指人们对事件或事件的系列顺序的图式，尤其是指一段时间内一系列有标准过程的行为。如人们到餐厅就餐的事件就符合一个剧本，什么时候点菜，什么时候买单，就是一个剧本。如果这个剧本的顺序发生颠倒，到了餐厅还没有点菜，服务员就让人结账，人们就不会在这个地方吃饭。

（三）图式化处理

为了节省时间与精力，人们常常用图式化的方式去处理大量的信息。图式的重要性就在于它有助于人们快速而经济地处理大量的信息，它能帮助人们解释新信息，从而获得有效的推论；提供某些事实，填补原来知识的空隙；将对未来可能发生的事的预期加以结构化，以便将来有心理准备。但是，图式化处理也有不足之处，它使人们觉得不需要去详细分析与解释特质。

五、社会认知对健康的影响

社会认知的许多方面都涉及人们的日常生活，其中最重要的一个领域就是它对人类健康和幸福的影响，心理学研究发现这样的影响体现在以下几个方面。

（一）社会认知与寂寞

在社会认知过程中，如果人们只注意生活中的消极方面，那么他就可能体验到更大的寂寞。安德森（Anderson，1994）等就指出，与那些抑郁的人一样，长期寂寞的人也经常陷入贬低自己的消极作用圈，他们经常用消极的态度看待自己的压抑，责备自己没有良好的社会关系，把事物看成自己无法控制等。同时，琼斯等（1981）还发现，寂寞感较强的人常常用消极的眼光看待他人。

（二）社会认知与焦虑

焦虑是人们生活中不可避免的事情。例如，去一个公司接受面试、见一位重要的人物或者别人在评价个体的时候，人们都可能会感受到焦虑。心理学家布茹姆（Broome，1994）等就研究了人们所感受到焦虑的情境，发现人们对情境的认知与控制可以使人避免焦虑，津巴度（Philip Zimbardo，1981）等的研究也证明了这一点。在某项研究中，津巴度让害羞和不害羞的两组女大学生在实验室中与一位英俊的男士谈话。谈话开始前先把这些女大学生集中在一间小屋子里，给她们呈现很大的噪声。之后告诉其中一部分害羞的女生噪声会造成她们心跳加快，并说这是焦虑的症状。结果发现，这部分女生由于把自己在与男士交谈时的心跳加快归于噪声，而不是自己害羞或者缺乏社会技能，所以她们不再焦虑，谈话也很流畅。

（三）社会认知与生理疾病

随着工业化进程的发展，心理学家发现人类的行为和认知对自身的健康有重要的影响。行为医学和健康心理学就是在这种思路的影响下发展起来的。在健康心理学家看来，人们对自己的情绪和紧张的认知与疾病产生有紧密的联系。心理学家在研究社会认知对健康的影响时指出，乐观的生活态度以及面对疾病时的乐观解释是人们身体健康的主要条件之一。赛利格曼（Seligman，1987）、皮特森（Peterson，1988）就提供了这方面的证据。他们研究了哈佛大学 1946 年的一次面谈记录和这些人在 1980 年的健康状况，发现那些乐观的人在身体状况方面远远好于那些悲观的人。

总之，社会认知是一个复杂的过程，这个过程中有许多问题需要注意。我们将怎样与他人相处、建立何种性质的人际关系，以及对他人的行为做出怎样的反应，取决于我们对他人人格、态度、地位、身份等方面的推测和判断。同样的，要理解他人的社会行为，首先要了解其社会认知。

第四节　社会态度

一、社会态度的概念

心理学界最早从事态度研究的是19世纪末的心理学家朗格。他在一项研究反应时间的实验中发现被试如果特别注意自己即将做出的反应时，即当被试心理上对自己需要的反应有所准备时，则其所做的反应时间就会比其他被试要快。被试心理上的准备状态支配着个人的记忆、判断、思考和选择。这种心理上的准备状态实质上就是态度。

人们对于自然现象（如日出、月落、花开）和社会现象（如攻击、劳动、学习）都会有各种各样的态度。社会心理学主要研究人们对社会现象的态度，即社会态度。这里的社会态度与态度是同义词。

态度在社会心理学中是一个广泛的概念，它所涉及的方面很多。西方学者对它的定义不完全相同，各有侧重，较为典型的说法有以下几种。

（1）认为态度是一种评价或情感反应。较早的态度问题研究者瑟斯通就持这种观点。社会心理学家伯克威茨则建议，从实际态度研究或评价的操作来看，将态度看作评价反应，最接近人们对一定对象进行积极或消极判断的事实。

（2）奥尔波特认为态度是“根据经验而系统化的一种心理和神经的准备状态，它对个人的反应具有指导性的或能动性的影响”。

（3）将态度笼统地看成认知、情感和意动成分的复合体，它影响人们理解事物、感受事物和对事物做出反应的方式。理论取向上属于认知心理学的社会心理学家倾向于接受这一观点。

根据态度在实际生活中对人们的心理作用，以及前面提到的社会心理学家们的研究，我国学者金盛华提出的态度定义是：态度是个人指向一定对象，有一定观念基础的评价性持久反应倾向。

二、社会态度的特点

态度是一种较为特殊的社会心理学现象，根据对其定义的分析，我们对其特点做如下具体的分析和理解。

（一）社会态度具有对象性

个体或社会成员所具有的任何态度都是指向于某一具体对象的，该对象可以是人、事，也可以是物；而针对的人可以是自己、他人，以及一个群体。

（二）社会态度具有内在性

社会态度不同于社会行为，它是个体内在的一种心理构成。因此，态度不能如外显行为一样直接观察到，只能间接地借助他人的表情、意向和行为而推知。人们所表露于外的意见、看法、观点及主张等，虽然反映和体现了个体所持有的对某事物的内在态度，但这只是态度的表达或态度外化的产物，而不是态度本身。

（三）社会态度具有持久性

态度是个体在后天的社会生活中形成的，一旦形成，态度便具有相对的稳定性。它只是在一定时间内与一定程度上的稳定。而稳定的态度作为个体人格的组成部分，通常不会轻易地发生改变。在构成态度的 3 种心理成分中，情感是最难以改变、最持久的，也是最内在的一部分，它由此构成了社会态度的核心部分。

（四）社会态度具有后天习得性

态度不是生来就有的，而是个体在后天的社会生活中通过学习而获得的，态度的形成是社会化过程中的一个重要方面。随着人与周围世界的相互作用，个体获得了对周围事物的认知，学会了对它们差别对待。对这些事物的接受与拒绝、喜欢与厌恶、赞成与反对等倾向，正是人被逐渐社会化，适应周围世界的结果。

（五）社会态度具有动力性

孙本文（1935）曾指出，态度是未发表的内在行为，是外在行为的发端与预备，有进行完成的倾向。态度对个体外在行为的表现，具有一种动力性的影响，只有被个体认为有意义的、喜欢的事，人们才会有兴趣、有动力去做；被认为无意义的事，也就自然失去了完成它的动力。当然，态度与行为之间并不完全是对应的关系，行为除了受态度影响外，还受其他因素的制约。

三、社会态度的构成

霍夫兰（C. I. Hovland）与罗森堡（M. J. Rosenberg）在奥尔波特有关态度定义的基础上提出了态度的三要素说，并指出态度是按照一定的方式对特定对象的预先反应倾向，这种反应倾向由 3 种要素构成：情感、认知和行为。对于社会态度的定义，目前尽管还没有形成统一的看法，但社会态度的构成要素却得到了众多社会心理学家的普遍认可。

（一）态度的认知成分

社会态度的认知成分是指人们作为态度主体对于一定态度对象的知识、观念、意象或概念，以及在此基础上形成的具有倾向性的思维方式。对事物的充分认识是人们形成对其态度的前提，如果没有一个清晰、全面的认识，那么态度的形成也将是模糊的。态度的认知成分具有倾向性与组织性，这种倾向性和组织性会成为一种头脑中的既定模式或刻板印象，使人倾向于按照类属思维的轨道来认识态度对象，并对其进行思考。因此，态度的认知通常会带有一定程度的偏见性。

（二）态度的情感成分

态度的情感成分是指个人对于一定态度对象的体验，如接纳或拒绝、喜爱或厌恶、热情或冷漠、敬重或轻视、同情或嘲讽等。L. S. 赖茨曼（L. S. Wrightsman，1962）的相关研究表明态度的情感成分强度最大。态度的情感成分与态度的认知成分紧密相关，上述接纳或拒绝、喜爱或厌恶、热情或冷漠、敬重或轻视、同情或嘲讽等态度反应方式并非单纯的情感反应，而是含有认知与情感因素的综合性的态度反应。所有的态度反应，即便看起来是情感反应，其中也必定有认知成分的积极参与。个体对某种态度对象的情感反应都是有理由的，而这种理由往往又是以个体对态度对象的认识为基础而形成的。

（三）态度的行为成分

态度的行为成分是指个体对态度对象所持有的一种内在反应倾向，是个体做出行为之前所保持的一种准备状态。

以上态度的 3 种成分紧密相关，通常情况下，三者具有相互协调一致性，但认知、情感及行为也有不相一致的情况。当三者发生矛盾时，情感因素起主要作用，通常情况下，情感的转变要比认识的转变更难些。另外，也有研究表明，情感与行为的相关程度高于认知与情感和认知与行为的相关程度[①]。

四、社会态度的形成

态度是个体在社会生活中经过社会化和社会交往而逐渐形成的。态度一旦形成便较为稳定，成为人格的一个部分，从而影响到人的整体行为。在现实社会中，态度的形成与改变是难以截然分开的。因而，态度的形成与改变是态度活动中的两个不可分割的组成部分。

（一）态度形成的阶段

态度不同于一般的认知活动，它具有情感和意向等因素，比较持久和稳固，所以，形成态度需要较长的时间来准备和孕育。1961 年，凯尔曼提出了态度形成或改变的 3 个阶段，即模仿或服从阶段、同化阶段和内化阶段。

---

① 乐国安，2013. 社会心理学［M］. 北京：中国人民大学出版社 .

1．模仿或服从阶段

在凯尔曼看来，态度的形成或改变开始于两个方面：一是出于自愿，在不知不觉中开始模仿；二是产生于受到一定的压力后的服从。

我们每个人都有模仿和认同他人的倾向，尤其是倾向于认同他人所敬爱和崇拜的对象。而在这种模仿的过程中，也就会因认同不同的对象而习得不同的态度，这是形成或改变态度最常见的一个途径。

除了模仿外，形成态度的另一种形式是服从。服从是人们为了获得某种物质上或精神上的满足，或为了避免惩罚而表现出来的一种行为。服从往往是受到外界的影响而被迫发生的。导致服从的外界影响主要有两种情况：一种是在外力的强制下被迫服从；另一种是受权威的压力而产生的服从。

2．同化阶段

在这一阶段，态度不再是表面的改变了，已从被迫转入自觉接受、自愿进行。这时态度形成的动机是同化者希望自己成为与施加影响者一样的人。在这一阶段，他人或团体的吸引力是同化能否实现的一个很重要的因素。

3．内化阶段

内化阶段是态度形成的最后阶段。在这一阶段，个体已将新的观点纳入自己的价值体系之内，成为自己态度体系的有机组成部分。

（二）影响态度形成的因素

态度的形成过程，实际上也是个体的社会化过程。个体态度的形成，一方面要受社会生活环境中各种因素的影响和制约；另一方面也是通过联想、强化和观察等方式不断学习的结果。

1．社会环境的影响

社会环境对个体的影响存在于个体出生到生命结束。这种影响主要是通过社会规范和社会准则的要求和制约、各种思想观念的宣传和教育、风俗习惯的潜移默化以及文化的熏陶等方式进行的。

社会环境对个体的影响具有多元性、选择性和持久性：

（1）多元性：即积极与消极并存；

（2）选择性：只有让个体了解或接触事物的某些方面，才能使个体形成符合社会要求的态度；

（3）持久性：即这种影响无时无刻不在发生作用，且伴随个体一生。

2．家庭的影响

对个体态度的形成，家庭特别是父母的影响，往往具有十分重要的作用。儿童在家庭生活中受到的教育和抚养，对其态度的形成及以后态度的变化和发展具有决定性的作用。

一个人最早的启蒙老师往往就是自己的父母，从父母那里获得的知识，又往往是一个人对周围事物形成某种态度的最初知识。这种早期形成的态度一般都会被保持到成人期，有些态度则可能会影响人一生的发展。

家庭及父母的影响还通过家庭成员之间的人际关系，以及家庭成员共同的生活方式表现出来。家庭成员之间的人际关系包括以血缘辈分为基础的长幼先后关系和互相间的情感关系。情感关系较为融洽，则相互之间的影响就较大，在态度上也趋于接近或相同。此外，家庭共同的生活方式对儿童态度的形成具有显著的影响。

3．同伴的影响

随着个体年龄的增长，同伴和朋友的影响作用会越来越大。个体开始经常把自身所持有的态度、观点与自己同伴的态度、观点做比较，并以同伴的态度、观点作为依据来调整自己原有的态度和观点，使自己与同伴保持一致。纽科姆研究了大学新生 4 年中，自由派和保守派在态度上的变化，发现原先相当保守的新生，在入学后因逐渐受到高年级学生较为开放和自由的态度的影响，到了毕业的时候，也已经变得相当的开放和自由了。

4．团体的影响

个体自身所参加的团体对其态度的形成也具有明显的影响作用。每一个团体都有自己的行为规范和准则，并要求成员必须共同遵守。当个体参加了某一团体之后，其言行就必须与团体的要求或标准保持一致。由此可见，通过团体对个体的这种影响和约束作用，即可促进个体态度的形成与改变。

5. 观察学习

观察学习也称模仿学习，主要指个体通过对他人言行的观察而进行的学习。这种学习同样可使个体学到许多新的行为。通过观察他人而进行的态度学习，基本上是依靠在观察以后对他人进行的模仿而实现的。一般来说，模仿还受强化的影响。个体在对学习对象有了较好的观察，又受到了强化因素的激励后，就能较好地进行模仿，从而习得一种新的态度和行为。

五、社会态度的改变

态度的改变是指个体已经形成或原先持有的态度发生了改变。态度改变分为两种：一种是一致性的改变，指方向不变而仅仅改变原有态度的强度，即量变。如对某事由有点反对（或有点赞成）变得非常反对（或很赞成），或对某人由热爱（或憎恶）降为一般的喜爱（或反感）；另一种是不一致的改变，指以性质相反的新态度取代原有的旧态度，或者说是方向性改变，即质变。如对某事的态度由反对变为赞同，对某人由喜爱变为厌恶等。通常所谓态度改变更多的是指后者，即方向性改变。当然，强度的变化存在引起方向性改变的可能，而方向性改变中也包括强度的变化，两者是彼此关联和互相包容的。同样的，态度形成与态度改变之间也存在这种辩证关系，因为态度形成就意味着有改变的可能，而态度改变也意味着新态度的形成。

这里介绍几种态度改变的方法。

（一）劝说宣传法

在第二次世界大战后，霍夫兰德和贾尼斯（1959）在耶鲁大学做了大量关于沟通和态度改变的研究，并发表《为推动研究所作的概括与含义》，提出了态度改变的“劝说情境的模式”。

霍夫兰德认为，任何态度的改变都是一个人的原有态度与外部存在着一些不同于此的看法（或态度）发生差异造成的。这种差异会产生压力，引起内心冲突，或称不协调、不平衡、不一致。为缩小这种差异，减少压力，人具有恢复心理协调的能力，并存在两种方式：一是接受外来影响，改变自己原有的态度；二是采取各种办法去否定或抵制外部影响，以维持原有态度。作为劝说者来说，总希望接受者用态度改变作为解决问题的方式。他要取得这种结果，就必须探明影响态度改变的过程、主要因素和各种变量。

劝说宣传法是一种借助语言、报纸、杂志、广播、电视、电影、广告等传播媒介来传播信息，影响人们，使之发生态度改变的方法，是一种极为常见和广泛使用的方法。有关这方面的研究基本上来自霍夫兰德及其领导的“耶鲁学派”。采用这一方法来改变他人的态度，是把整个劝说宣传过程看作一个信息的传递、沟通过程，这一过程包括信息传播者（劝说者）、信息传播过程、信息收受者（被劝说者）及传播情境 4 个方面。

1．信息传播者的特性

在信息传播过程中，信息传播者自身所具备的各种特点常常起到很重要的作用。信息传播的最终目的是要使被劝说者接受传播的信息。

（1）专家身份。由专家所传播的信息比没有专家身份的人所传播的信息更可能被人们认为是有权威的、更能被接受的。阿伦森（Aronson）等于 1963 年让被试从 9 节晦涩难懂的现代诗歌中选出自己最不喜欢的一节，而后给被试展现某个人对这些诗的评价，所有的评价都比被试自己的评价高。评论者变量被控制，一组被试被告知评价来自著名诗人爱略特的诗，另一组被试被告知评价是由一个师专学生发表的。结果在再次评价这些诗时，接受专家评价的被试出现了更多的态度改变。只是由此产生的劝说效用只能在特定的、有限的范围或领域内才能奏效，一旦涉及与其不相关的领域时，则劝说作用就不会有多大的影响。使信息传播者具有专家身份的因素很多，如他所受过的教育、专业训练、个人经验、社会背景、从事的社会职业等。他的这些个人属性使他在被劝说者的心目中成为某方面的权威形象。

（2）社会身份。社会身份指信息传播者所具有的社会地位、社会名望、知名度及年龄、经验等。事实表明，在一些不属于或不涉及专业性知识内容的问题上，具有较高社会身份的人比社会身份低微的人有更大的影响力和说服力。

（3）可靠性。可靠性指信息传播者自身被他人相信和信赖的程度，它会影响态度改变的效果。与信息传播者的可靠性有关的因素包括两个方面；一是信息传播者的个人属性，如人格特质、外表、讲话时的表情和态度等；二是听众所知觉的信息传播者的动机。如果信息传播者被认为是怀有个人目的，出于一己私利，并非公正无私的，那么信息传播者就不会被他人所相信，其说服力就会大大降低。如果被劝说者认为信息传播者的观点、看法与信息传播者自身利益不相符合甚至是矛盾的，则被劝说者就容易接受信息传播者的影响，其态度也容易产生较为明显的改变。

（4）吸引力。信息传播者的吸引力是促使信息接收者认同并发生态度改变的一个重要因素，信息传播者的吸引力不仅源于他的人格特质，而且源于他和信息接收者之间的相似性。使信息传播者具有吸引力的人格特质，包括他的仪表体态、言谈举止以及能力等，会提高说服的效果。一个人的吸引力往往是建立在能力、魄力、幽默、机智、亲和力等令人喜欢的属性上，因为这些属性往往能引起他人的好感和得到愉快的情绪体验。如广告商往往利用“名人效应”来做广告，就是希望通过名人所具有的吸引力来推销商品；在西方选举中，候选人的形象也是争取选民支持的重要因素。

（5）相似性。相似性指信息传播者自身的身份、职业、年龄、性别、出生地等背景及态度、观点等与被劝说者有相似或相近的特征，强化信息传播者与被劝说者之间的相似性是增加吸引力的一种方式。一般来说，相似性越高，越会导致信息接收者态度的改变。如演讲者在表明态度的时候会一开始就在某个特定问题上与听众的态度保持一致。

但这种相似或相近的程度与态度改变之间的关系却是比较复杂的，G. 弗里德曼（G. Fridman）和 D. G. 迈尔斯（D. G. Myers）等的看法是：在一定的限度内，态度改变随着差异的增加而增加，超过这个限度之后，随着差异的继续增加，态度改变开始减少。因为在差异太大的时候，被劝说者会发现自己的态度不可能改变到消除这种差异的地步，从而产生对信息的怀疑和排斥，而不是改变态度。C. 伯纳德（C. Bernard）等于 1966 年所做的关于睡眠时间的研究结果也得出了相似的结论。

2．信息传播过程

除了信息传播者之外，信息传播过程也很重要，它对劝说效果的影响因素包括内容、组织及呈现方式。

（1）单面传播与双面传播。在实际的信息传播过程中，有的信息传播者单方面的叙述有利于证实自己的主张或者赞同自己主张的各种看法和论据，对不同立场的观点则绝口不提，或者一味地强调其缺陷、漏洞、不足；有的信息传播者则包含了正反两种立场，承认对立立场也有可取之处，但技巧而委婉地表示其缺点超过优点，以此来证明信息传播者主张的立场是比较有道理的。前一种信息传播方式称为单面传播，后者称为双面传播。双面传播中信息传播者也可能同时介绍自己和他人的优缺点，让听众自己进行比较。

不同的传播方式对态度改变的作用是不同的。霍夫兰德等在第二次世界大战后期做了一项比较单面传播与双面传播效果的研究。当意大利和德国相继战败之后，日本尚在太平洋地区顽抗，日本当局担心作战的士兵会因为盟国的失败而消磨掉战斗意志，因此想说服士兵相信战争还将持续一段相当长的时间。霍夫兰德等准备了两种传播信息，对日本士兵进行说服，但结果表明，两种传播方式并没有绝对的优劣之分，传播的效果如何还应该考虑其他的相关因素。其中，士兵的受教育程度是一个重要的影响因素。对于那些没有完成高中教育的军人，单面传播较能改变他们的态度，而对于那些受过高中以上教育的军人，双面传播比较有效；另外，士兵的原有态度也是影响传播效果的重要因素。当原有态度与传播的信息较为一致时，单面传播的效果显著；当原有态度与传播的信息相矛盾时，则双面传播更为有效。近期一些研究表明，当被劝说者只能依靠信息传播者来获取信息时，或对已经对信息传播者的观点表态了的听众来说，单面传播可能是最好的；而对那些可能获得不止一方面信息的听众来说，双面传播比较妥当，它基本上是一种“稻草人”的技术，即允许一种观点的反对者以能使这种观点容易被推翻的方式来阐述这一观点。单面传播往往能导致短时的、即刻的态度改变；而双面传播引起态度改变的效果却是长时的、较稳定的。

关于单面传播和双面传播与态度免疫关系的研究也是态度改变研究很重要的一个方面。研究证明，在对反对言论的影响方面，双面传播能比单面传播产生更强的免疫力。麦奎尔提出的抵制劝说的预防接种理论说的也是同样的道理。他认为，当人们接受对其原有信息攻击和对这些攻击的反驳后，可以发展出一种普通化的免疫力，借以抵抗反面信息，使原有信念即使遭遇不同方式的攻击，也不可能发生改变。

（2）信息传播的首因效应和近因效应。不同的信息传播顺序对于信息接收者会产生不同的影响。在社会心理学研究中，将先呈现的传播信息比后呈现的传播信息产生较大影响的结果称为首因效应；反之，后呈现的传播信息具有较大影响力的称为近因效应。

一般对二者影响作用的研究是在实验情境中进行的。将相对的言论先后紧接着呈现给被试，然后即刻给予态度测验，发现后发表的言论比较有利，但是如果试验者延长信息呈现与态度测评之间的时间间隔，则首因效应比较明显。此外，先后呈现的相反信息之间的时间间隔也会产生不同的结果，如果先后呈现的相反信息之间的时间间隔短暂，比较容易产生近因效应；如果二者间的时间间隔较长，首因效应的作用就比较明显。

在非实验情境中也存在着一些会影响首因效应和近因效应的因素。例如，在发表言论时，先发言者可以要求听众在听到首先的论点之后立即确定公开的立场，则会导致显著的首因效应及对后来呈现的不同意见的抵制；而后发言者则可以根据先发言者的言论修改辩驳的言辞，对先前的论点提出质疑，从而导致近因效应的出现。对一些流动性的听众进行说服，则先发言者比较有利，因为听众可能在听完先发言者的话后就离开了。

（3）信息传播的渠道。信息传播过程总是要借助一定的手段或工具，如电视电影、电台广播或书信等大众传播媒介。不同的传播手段对劝说效果的影响是不同的。早期研究表明，生动形象的视觉信息的劝说效果最好，听觉信息次之，书面语信息的劝说效果最差。但是，近期研究发现，事实并非如此简单。被劝说者接受信息的过程可以分为对信息的理解阶段和根据信息进行行动阶段。前一阶段要求被劝说者领会信息的含义，掌握信息传播者的基本意图和目的，这一阶段采取书面语信息的效果较好；后一阶段则指被劝说者要针对自己对信息的理解做出相应的行动，这一阶段则采取图片、录像等视觉信息的劝说效果较好。此外，传播信息的复杂程度也会影响到不同传媒的使用。在劝说信息非常复杂的时候，不生动的传媒（书面语信息）的劝说效果较好；而当呈现的信息比较简单的时候，劝说效果以视觉信息最好，听觉信息次之，书面语信息最差。

3. 信息接收者（被劝说者）

同样的信息传播者通过同样的信息传播过程作用于不同的信息接收者，对信息接收者产生的劝说效果也是不同的，因此，在考虑劝说效果的时候不能忽略信息接收者自身的影响作用。这种影响作用表现在以下几个方面。

（1）信息接收者对信息的选择性曝光。通常一个人会有所选择地将自己暴露于立场与他人的态度相一致的传播信息中，这就是选择性曝光。影响选择性曝光的因素除了立场的一致以外，还有信息的可用性和信息内容的新奇性。当信息的主题涉及被劝说者自身的利害关系或信息的内容是被劝说者没接触过的新奇信息时，往往更能引起他们的注意。

（2）原有态度。一个人在接受对某一态度对象的新的传播信息之前，原有的对这一对象的相关态度会对他是否接受劝说产生影响。因为，人们已经在内心建构了一个接纳或拒绝所持立场的维度来表明他们对某一问题的立场。一般信息接收者对某一问题的态度从非常赞同到非常不赞同可以构成一个连续的向度，分为接受范围、拒绝范围和中立范围。接受范围是个体愿意接受或至少可以容忍的立场的范围；拒绝范围是指个体不愿意接受或无法容忍的态度范围；而中立范围则是指在接受范围或拒绝范围之外，被劝说者的立场不明确的态度范围，它通常是由问卷调查中的“不知道”“没有看法”的范畴指出，揭示了被试没有兴趣考虑的问题。

此外，人们具有的一些自小形成并保持一生的态度是难以改变的，因为这种态度已经内化成为他们自身价值观的一部分；而那些对一时一事的态度则比较容易改变；根据个人的亲身经历和直接经验形成的态度难以改变，而依据道听途说或其他的间接经验而形成的态度则较易改变；自身协调一致，不存在矛盾冲突的态度不易改变，而自相矛盾、互不协调的态度则较易改变。这里的阐述既包括态度内部组成成分之间的协调一致或矛盾对立联系，也包括态度与态度之间的关系、态度与行为之间的关系。

（3）说服感受性。说服感受性是指一个人接受或拒绝一般说服信息的倾向。

有的人易于被说服，有的人则顽固得不接受任何劝说。一个人的说服感受性一方面具有某种程度的一致性，即在任何情况下，他都显得比别人更容易被说服；另一方面又具有相当程度的情境变异性，即使一个人的“平均”说服感受性较低，他对于不同传播信息的反应范围也是有所不同的。社会心理学关注那些与说服感受性有关的人格属性，如智力、自尊、攻击性、知觉依赖性、内导性与他导性、权威性、独断主义、幻想与性别等。

麦奎尔将传播信息分为两种：一种是强调让人屈服的信息；另一种是强调让人注意与了解的信息。例如，对于强调让人屈服的信息，一般智力高的人比智力低的人比较不受影响；对于强调让人注意与了解的信息，则一般智力高的人比智力低的人易受影响。再如，社会赞许期望高的个体一般易受他人和社会的影响，改变自己的态度，与他人和社会保持一致；期望低的个体则一般不在乎周围他人对自己的评价，我行我素，故而其态度较不易改变。说服感受性还与性别差异有关。

但是，有时候人格属性会影响个人对信息传播者而非信息传播内容的反应，如自尊心低的人一般很容易感受到具有权威性的信息传播者的影响。

（4）被劝说者的心情。詹尼斯和他的同事在 1965 年通过研究指出，心情好的人更容易接受他人的说服性观点。在试验中，他们让一组被试在读劝说性信息时有东西可吃（让其心情好），另一组被试则没有，结果发现前一组被试态度改变较多。心情对劝说效果的影响体现在幽默的作用上，幽默的劝说者常常让人心情愉快，从而接受其观点。

（5）被劝说者的信息加工。被劝说者的信息加工是指劝说信息在被劝说者的头脑中是怎样被加工、储存和提取的。这方面的研究是自 20 世纪 70 年代起随着认知社会心理学的发展而开始兴起的。已有的研究表明，个体对劝说信息的接受方式多种多样，有的信息可能是通过记忆产生影响，有的信息则可能是在最初的感知中就产生了影响。个体对信息进行加工处理的方式不同，不可避免地也会影响到信息的劝说效果，从而影响到态度的改变。

4. 传播情境

上述对信息传播过程的研究几乎都是研究单一信息传播者对单一信息接收者

的简单传播历程，但是在实际生活中，真正的信息传播过程总是在一定的社会结构中进行，受到其他人及其所处团体的影响，即信息传播过程总是在一定的社会情境中进行的。

（1）信息繁多的情境。人们所处的社会是一个充斥着各种各样复杂信息的环境，个体态度的改变往往是多种信息交互作用的结果。鲍姆加德纳（M. H. Baumgardner）等在 1983 年做的一次试验中，以学生为被试，让他们接受关于多种品牌的商品的 54 种劝说信息。在一种条件下，劝说信息对相类似的商品都给予了称赞；在另一种条件下，对各种商品的劝说信息则是有褒有贬。结果发现，在第一种条件下，被试会将自己对某一种商品的态度泛化为对其他商品的态度，而且态度改变保持得比较长久。在第二种条件下，被试对各种商品的态度则没有呈现这种泛化现象，而且态度改变也不易维持长久。由此可见，在信息繁多的情境中，单一信息的劝说效用受到其他信息影响和制约，如果各种信息之间的相似性或一致性越多、越明显，那么其中某一信息的劝说效用就会得到增强和提高。反之，如果各种信息之间的差异或矛盾越多、越大，则其中每种单一信息的劝说效用就会因此而降低和被削弱。

（2）令人分心的情境。当他人在场和有许多无关信息同时呈现时，就会引起人们注意力的分散，可能降低或削弱说服效果。因此，应对被劝说者进行单个劝说或单一信息的劝说，避免其注意力的分散。但是，注意力的分散并不总是削弱劝说效果。有时注意力的轻微分散反而会增强信息的劝说效果。因为被劝说者会为了克服注意力的分散而做出较大的努力，从而使其接收到更多的信息，对信息有更完全的了解，同时又不至于有更多的时间和思想准备去考虑对立的观点和主张。此外，注意力的轻微分散会影响被劝说者对信息的了解和掌握，包括正、反两方面的信息，使其对自己的态度和判断缺乏自信和确认，因而增加了其自身被说服的可能性。

（3）信息重复的情境。多次重复某一信息会加深人们对它的印象，巩固记忆，增强这一信息对人们的影响，从而有助于态度的改变。但是，重复的作用也是有限度的，过多的重复则可能会引起相反的效果，原因也许是由于重复而引起的厌烦情绪以及继之而起的逆反心理。

（二）角色扮演法

角色扮演法是指通过某个角色对占据这一角色的个体所具有的约束和影响来改变个体态度。这种方法是以角色理论为依据。角色理论的核心原则即个体的行为应与其所承担的角色相一致，符合这一角色身份的要求。无论是什么角色，客观上都包含着标志这一角色的各种象征（如权力、地位、待遇）和符号（如称呼、头衔、级别）、为这一角色所特有的行为规范和准则，以及他人对角色的期待。对个体而言，担当起某一角色，也就意味着要使自我的内涵与角色的内涵相吻合，使自我与角色协调一致。这一方面意味着个体的变化和发展；另一方面则意味着个体被约束和受制约。

（三）团体影响法

团体通过团体规范和准则来对个体施加影响，从而有效地改变人们的态度的方法即是团体影响法。团体规范和准则是一种无形的约束力，促使其成员的一言一行都符合团体规范和准则的要求。通过对成员符合规范和准则的行为进行接受、赞同和承认来确定其在团体中的位置；通过对破坏规范和准则的个体进行拒绝、否定和打击，孤立并彻底将其驱逐出团体。

成员拒绝或接受某种传播信息是受到团体要求的限制的。一个团体有其独特的信息流通结构，较活跃或地位较高的成员往往把持着信息流通的关卡，他们首先将不符合团体价值的信息过滤掉，或将先接触到的信息进行修改润色后再传达给其他的成员。归属于同一团体的成员一般都持有相似的观点，正是相互强化支持的社会性支持力量。因此，团体起到了抵制不合格信息的作用，阻止其成员向相反的态度转变。

（四）活动参与法

活动参与法是指引导人们积极地参与有关的活动，达到转变人们态度的目的。

在日常生活中，通过参加活动来改变态度的事例很多。例如，一个本来对体育活动毫无兴趣的人，被伙伴拉去踢了一场足球后，可能就会成为球迷。但活动参与法对人们态度改变的程度受到一些因素的影响，包括人们参与活动时的自愿程度或感受到的压力大小。如果人们参加一项活动是自觉自愿的，则其态度改变就会大些；如果是出于某种自身之外的原因，如奖励或惩罚，感受到了某种压力，如权威和团体的压力，则即使其积极参加了活动，态度也未必会发生很大的改变。

此外，人们参与活动时间的长短也影响着人们的态度改变，如果所参与的活动是经常性、较长久的，则态度改变相应地就较大、较持久；反之，如果只是一次性的活动或短期的活动，则态度改变的效果就不很明显或难以持久。

第四章　社会心理学的社会关系

社会心理学着重研究社会关系、社会情境、个体的心理反应以及个体社会行为，它可以改善我们的人际关系，也是人际关系交往的过程。本章从人际关系、人际沟通、侵犯与利他行为 3 个角度来论述社会心理学的社会关系。

第一节　人际关系

人际关系是人与人之间相互交往的结果，它属于社会关系的范畴。社会关系分为 3 个层次：第一是生产关系，是指生产过程中人们彼此之间的物质形态的关系，是一切其他关系的基础，并决定其他关系的性质；第二是意识形态关系，它是在社会生活中形成的，如道德关系、宗教关系、法律关系等；第三是人际关系，是指人们在活动中建立的、直接的、可观察到的人与人之间的心理关系。

一、人际关系的概述

人际关系是人们在交往活动中建立的相互联系，是一种心理关系。人际关系包含 3 个密切相关的因素：行为、感情和认知。行为因素主要指活动的结果、举止动作、表情、手势和言语等；感情因素包括各种情绪状态、情绪的敏感性，对他人、对自己的满足程度；认知因素是指与认知有关的心理过程，是个体对人际关系状态的了解。

随着人际交往的发展，任何一种形式的人际关系都会发生某种相应的变化，如相互之间接受的程度，相互之间的喜欢、信任和依赖感等。其中，最关键的便是交往双方对于交往过程的涉入或投入。

对于人际关系的定义，下面列出的是较具代表性的：

（1）人与人之间相互认知，因而产生的吸引或排拒、合作或竞争、领导或服从等关系。

（2）指在某一段时间里与某人经常保持的社会接触。

（3）人与人之间相互交往的过程，借由思想、感情、行为表现的相互交流而产生的互动关系。

（4）个人与个人之间的互动关系，更广义的人际关系包含文化制度模式与过程方面，也是社会关系。

社会心理学所研究的人际关系是指狭义的人际关系，指人们交往过程中所形成的心理关系，它关注的是这种心理关系的亲密性、融洽性和协调性的程度，其构成因素有认知、情感和行为。所以人际关系可以说是人与人之间在一段过程中彼此借由思想、感情、行为所表现的吸引、排拒、合作、竞争、领导、服从等互动关系。里奇（Reich，1981）等的研究则发现，人际关系是人们快乐的重要来源，人们快乐的来源主要是与人际关系相联系的。

一个人的人际关系系统，实质上是一个人的情感支持系统。人作为社会性的动物，其自身的意义是由其所存在的社会系统决定的。因此，人际关系对个人的各个方面具有重要的影响，直接成为个人心理健康、工作成功和生活幸福的重要背景条件。

人际关系是人与人在交往中建立的直接的心理上的关系，其特点是：

（1）个体性。在人际关系中，角色退居到次要地位，而对方是不是自己所喜欢或愿意亲近的人成为主要问题。

（2）直接性。人际关系是人们在面对面的交往过程中形成的，个体可切实感受到它的存在。没有直接的接触和交往不会产生人际关系，人际关系一经建立，一定会被人们直接体验到。人们在心理上的距离越近，个体越会感到心情舒畅，如果有矛盾和冲突，则会感到孤立和抑郁。

（3）情感性。人际关系的基础是人们彼此间的情感活动。情感因素是人际关系的主要成分。人际间的情感倾向有两类：一类是使彼此接近和相互吸引的情感；另一类是使彼此互相排斥和分离的情感。

二、人际关系对行为的影响

人们在日常生活中建立的各种人际关系能够满足人们的各种需要，对个人生活具有重要意义。心理学家们的研究发现，人际关系一经建立，就会对人的行为产生各种不同的影响。

（一）长期与短期人际关系的不同作用

依据相互作用时间的长短，人际关系可以有长期与短期的划分。长期人际关系通常都与重要的社会角色关系相联系，是人们长期社会角色关系伴随的人际情感关系，如夫妻关系、亲子关系、师生关系、雇主与雇员所涉及的人际关系。短期人际关系则是偶然生活事件使人们发生交往所产生的人际情感关系，如推销员与顾客、警察与违章者，即各种社交情境中的人际交往所涉及的人际关系。

长期人际关系与人们的社会角色关系是交织在一起的。关系涉及的都是人们生活中的重要他人。关系双方在社会角色与情感上都有相互的依赖，因此，对双方的影响持久而深远，并且涉及这类关系的人们经常发生交往，因而关系的作用性质常被关系的卷入者所觉察。通常的人际关系困难与不适应，主要来自这类关系。短期人际关系由于它的偶然性，也因为关系所涉及的对象通常在人们生活中没有长久的影响，因而往往只影响具体的、表面的行为，通常难以影响人们深层的态度与价值观。

（二）社会角色与影响力

卷入人际关系的双方是相互依赖的。人们的人际关系都与社会角色相联系，由于社会规范的作用，社会角色的不同导致人们在人际关系中的影响力存在不均衡，致使许多人际关系的一方更依赖另一方，一方对另一方的影响力比相反方向的影响力要大。如教师与学生之间、领导与被领导者之间、某些夫妻之间的人际关系就是如此。通常情况下，居于社会有利地位、掌握更多资源的一方的影响力，比相对社会地位较低、掌握资源较少的一方更大。相应地，由于人际关系的双方影响力不均衡，因而这种关系对双方的意义也不同。对于影响力较小而又更多依赖的一方，这种关系对他们的重要性更高，行为与态度所受到的影响也更大、更深远。而对于处在相对有利的社会位置，影响力较大的一方，这种关系对他们的重要性相对较低，因而这种关系对他们的行为与态度的影响也较小。

（三）个人性与非个人性的关系

人际关系双方通过交往建立起来的联系，可以是以个人情感目标为中心的，也可以是以个人情感之外的目标为中心的。前者为个人性的关系，后者为非个人性的关系。在日常生活中，爱情与友谊关系是典型的以个人情感为中心的人际关系，而推销与雇佣关系则为典型的以工作为中心的人际关系。很自然，这两类人际关系对人的态度和行为的影响是不同的。

通常情况下，个人性的关系对人的态度与行为的影响，是在长期交往过程中通过潜移默化的渐进过程实现的。而非个人性的关系对人的影响则是间断性的，是通过交往目的是否达成来实现的。需要说明的是，个人性的关系与非个人性的关系的划分是相对的，更多的情况下这两类关系是交织在一起的。个人情感性的关系可能会衍生出功利指向的联系，而非个人性的关系也可能获得个人情感的目标。

三、人际关系产生的社会心理学基础

人是社会性的动物，具有合群与群居的倾向。人们大部分时间都是与他人一起度过的。人们为什么如此需要与他人相伴呢？心理学家对此进行了各种解释。

（一）亲和需要

阿特金森（Atkinson）等认为，影响人们社会交往的动机有两种：一种是亲和需要，指一个人寻求和保持许多积极人际关系的愿望，即人们有需要和他人相伴的倾向；另一种是亲密需要，指人们追求温暖和亲密关系的愿望。

关于人的亲和需要，美国心理学家沙赫特（Schachter）有一个著名的实验。他设计了一个没有窗户但有空调的房间，里面除一张桌子、一把椅子、一张床、一个马桶、一盏灯外再无其他东西，一日三餐通过房门底的小洞口送入。谁能在这样的房间待上一天就能得到一笔可观的报酬，目的是测试人在这样与世隔绝的情景下能待上几天。5名大学生充当了被试，结果其中一人只待了20分钟就受不了并放弃了实验，有两个人待了两天，最长的一个被试也只待了8天。这项探索性的研究表明，人对孤独的忍耐力是有差异的，但很难有谁能无止境地生活在孤独的环境中。

社会心理学家对影响亲和需要的因素进行了深入研究，发现其与恐惧、焦虑等密切相关。恐惧是因实际威胁情景存在或预期威胁将来临而产生的情绪唤起，焦虑的产生则是由非现实的、无法确定的原因引起的。沙赫特用社会比较理论来解释这些现象，社会比较理论强调的是人们通过社会比较获得有关自己和周围世界的知识。因此，人们与他人亲近是为了拿自己的感觉与其他在同样情境下的人比较。人们会在高度恐惧的情况下选择与他人在一起，而焦虑却会减少亲和需要。

（二）人际关系的报酬

随着成长，人们的社会需要变得越来越复杂和多样。人们会与那些在一起有乐趣、能够获得帮助、强有力的或接受自己的人形成关系。这些关系能够给人们带来好处。社会交换理论指出，人们通过社会交换获得心理与物质酬赏，因此，人们会尽量寻求并维持酬赏大于付出的人际关系。人们从关系中获得的好处是人际关系形成与维持的一个重要原因，魏斯（R. Weiss，1974）确定了人际关系能提供给个体的6种重要报酬：

（1）依恋：指亲密的人际关系提供给个体的安全感和舒适感，这种依恋小时候指向父母，成人后则针对配偶或亲密朋友。

（2）社会融合：通过亲和与他人交往，并与他人拥有相同的观点和态度，产生团体归属感。通常从与朋友、同事、队友、战友等关系中获得。

（3）价值确定：得到别人支持时所产生的自己有能力、有价值的感觉。

（4）可靠的同盟感：通过与他人建立良好的关系，让人们形成在需要时会有人帮助自己的认知。

（5）得到指导：与他人交往可以使人们从他人那里获得有价值的指导，如从医生、朋友以及老师等处。

（6）照顾他人的机会：在人们对他人健康负有责任时出现，照顾某人并给自己一种被需要和自我重要的感觉。

（三）摆脱寂寞

人们与他人交往的第三个原因是为了摆脱寂寞。心理学对寂寞所做的定义是：当人们的社会关系缺乏某些重要成分时所引起的一种主观上的不愉快感。

心理学家魏斯把寂寞分为情绪性的寂寞和社会性的寂寞，前者是指没有任何亲密的人可以依恋而引起的寂寞，后者则是指当个体缺乏社会整合感或缺乏由朋友、同事等所提供的团体归属感时产生的寂寞。我们需要弄清楚寂寞与孤独的不同。

孤独是一种与他人隔离的客观状态，孤独可以是愉快的或不愉快的，有些人虽然孤独，却并不寂寞，可以说它们之间没有任何必要的关联。

可以说，从出生到死亡，很少有人逃过寂寞的困扰，这正反映了人们对社会关系的需要。摆脱寂寞的唯一方法就是建立人际关系，以满足人类“联结”的基本心理需要。很多的心理学家相信寂寞与社交技巧有更紧密的关系。索拉诺和科斯特（Solano & Koester，1989）发现，有慢性寂寞的人常常是那些缺乏社交技巧的人，所以要想克服寂寞，首先需要提高他们的社交技巧。

四、人际关系建立与发展的过程

（一）人际关系的状态

人与人之间相互关联的状态从无关到关系密切，要经过一系列的变化过程。莱文格和斯诺克（G.Levinger & G. Snoek，1972）提出，相互依赖模型说明了随着互赖关系的增加，人际关系变化的特点。他们以图表方式对人际关系的各种状态及其相互作用水平的递增关系做了直观描述（表 4–1）。图中圆圈表示人际关系涉及的双方。他们把共同心理领域和情感融合范围作为描述人际关系的指标。

表 4–1　人际关系状态及其相互作用水平[①]

图解	人际关系状态	相互作用水平
	“零”接触	低 ↓ 高
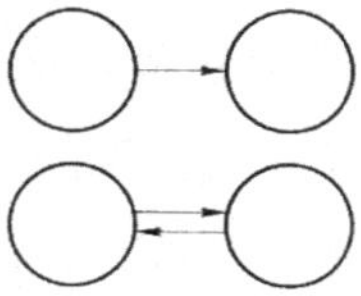	单向注意和双向注意	
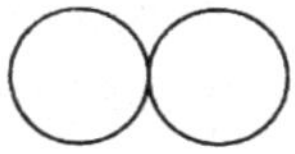	表面接触	
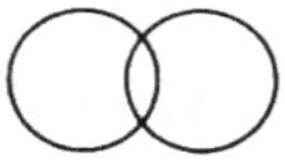	轻度卷入	
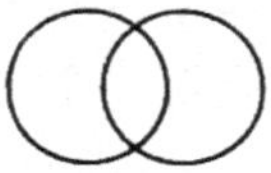	中度卷入	
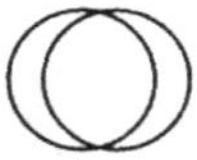	深度卷入	

良好的人际关系需要经过一个从表面接触到亲密融合的发展过程。当两个人彼此没有意识到对方存在的时候，双方关系处于“零”接触状态。此时双方是完全无关的，谈不上任何个人意义的情感联系。如果一方开始注意到对方，或双方彼此产生了相互注意，则人与人之间的相互作用就已经开始。一方开始形成对另一方的初步印象，或彼此都获得了关于对方的印象。不过，在双方直接的、更充分的语言沟通开始之前，彼此对于对方都还处于旁观者的立场，没有相互的情感卷入。

从交往双方开始直接谈话的那一刻起，彼此就产生了直接接触。不过，在通常情况下，最初的直接接触是表面的，彼此之间几乎没有情感卷入，直接接触是双方情感关系发展的起始点。

随着双方沟通的深入和扩展，双方共同的心理领域也逐渐被发现。发现的共

① J.L FREEDMAN ET AL，1985. Social Psychology [M] . New York ：Prentice–Hall.

同心理领域的大小，与情感融合的程度是相适应的。一般情况下，心理学家按照情感融合的相对程度，将人际关系分为轻度卷入、中度卷入和深度卷入 3 种。轻度卷入的人际关系，交往双方所发现的共同心理领域较小，双方的心理世界只有小部分重合，也仅仅在这一范围内，双方的情感是融合的。中度卷入的人际关系，交往双方已发现较大的共同心理领域，同样，双方的心理世界也有较大的重合，彼此的情感融合范围也相应较大。在深度卷入的情况下，双方已发现的共同心理领域大于相异的心理领域，彼此的心理世界高度（但不是完全）重合，情感融合的范围也覆盖了大多数的生活内容。不过，在通常情况下，只有极少数人能与其他人达到这种人际关系深度，有些人则从来没有与任何人达到这种深度的关联，还有一些人终其一生与别人的关系都只处于比较肤浅的水平。

表 4–1 还揭示了一个十分重要的概念，即不存在人际关系双方心理世界完全重合的情况。无论人们的关系多么密切，情感多么融洽，也无论人们主观上怎样感受彼此之间的完全拥有，关系的卷入者都不可能在心理上取得完全一致。两个人是两个世界、两种理解、两种情感、两种利益的基点。人与人之间只存在多大程度上相一致的问题，而不存在完全相一致的情况。

（二）人际关系的发展过程

自我暴露是指个体把有关自己的信息告诉给他人，与他人共享自己内心的感受和信息。心理学家认为它是人们与他人发展亲密关系的重要途径。奥尔特曼和泰勒（I. Altman & D. A. Taylor，1973）以自我暴露的程度作为衡量人际深度的参考指标，认为良好的人际关系的建立和发展，从交往由浅入深的角度来看，一般需要经过定向、情感探索、感情交流和稳定交往 4 个阶段。

1. 定向阶段

定向阶段包含对交往对象的注意、抉择和初步沟通等多方面的心理活动。在熙熙攘攘的世界里，人们并不是同任何一个人都建立良好的人际关系，而是对人际关系的对象有高度的选择性。在通常情况下，只有那些具有某种特征并会激起自己兴趣的人，才会引起人们的特别注意。在一个团体中，人们会将这些人放在注意的中心。米尔格拉姆（Milgram）曾提出“六度间隔理论”，又称“小世界现象”，即在这个社会中，任何两个人之间建立一种联系，最多需要通过 6 个人。无论这两个人是否认识，生活在地球上任何偏僻的地方，他们之间都只有六度间隔。因此，人们几乎可以和任何一个没有联系的人通过简单的中介发生关联。但在现实生活中，人们并不是同任何一个相遇的人都建立良好的人际关系，而是对交往对象及交往深度有高度的选择性。

注意也是选择，它本身反映某种需要倾向。比如，在我们选择恋人时，某些与我们观念中理想的恋人形象相接近的异性，尤其会吸引我们的注意。与注意不同，抉择是理性的决策。而注意的选择是自发的、非理性的。我们究竟决定选择谁作为交往对象，并与之保持良好的人际关系，往往要经过自觉的选择过程。只有那些在我们的价值观念上具有重要意义的人，我们才会选择他作为交往和建立人际关系的对象。

人际关系的定向阶段，其时间跨度随不同的情况而不同。邂逅后并相见恨晚的人，定向阶段会在第一次见面时就完成。而对于可能经常有接触机会而彼此又都有较强的自我防卫倾向的人，这一阶段要经过长时间沟通才能完成。例如，大学生刚进入大学时，尤其是女同学，无论是上课还是吃饭、打水，她们首先注意的是同一个宿舍的同学，并和她们一起去做这些事情，这是她们寻找好朋友的第一步。

2．情感探索阶段

这一阶段的目的是彼此探索双方在哪些方面可以建立真实的情感联系，而不是仅仅停留在一般的正式交往模式。在这一阶段，随着双方共同情感领域的发现，双方的沟通也会越来越广泛，自我暴露的深度与广度也逐渐增加。但在这一阶段，人们的话题仍避免触及别人私密性的领域，自我暴露也不涉及自己根本的方面。尽管在这一阶段人们在双方关系上已开始有一定程度的情感卷入，但双方的交往模式仍与定向阶段相类似，具有很大的正式交往特征，彼此还都仍然注意自己表现的规范性，彼此没有强烈的吸引力，即使关系破裂也无所谓。例如，随着时间的推移，同一个宿舍的人在一起吃饭、打水、上课的过程中不断磨合，会发现有个别同学和宿舍其他人合得来，与个别同学合不来，或许过一段时间，她又和另外的同学能良好相处，与其他人有隔阂。

3. 感情交流阶段

人际关系发展到感情交流阶段，双方关系的性质开始出现实质性变化。此时，双方的人际关系安全感已经得到确立，因而谈话也开始广泛涉及自我的许多方面，并有较深的情感卷入。如果关系在这一阶段破裂，将会给人带来相当大的心理压力。在这一阶段，双方的表现已经超出正式交往的范围，正式交往模式的压力已经趋于消失。此时，人们会相互提供真实的评价性的反馈信息，提供建议，彼此进行真诚的赞赏和批评。例如，在长期的探索后，学生发现宿舍里有一个同学和她各方面都比较投缘，相处融洽，在经过不断地磨合后，她愿意与之谈论一些私密的话题。

4. 稳定交往阶段

在这一阶段，人们心理上的相容性会进一步增加，自我暴露也更广泛、深刻。此时，人们已经可以允许对方进入自己高度私密性的个人领域，分享自己的生活空间和财产。但在实际生活中，很少有人达到这一情感层次的友谊关系。许多人同别人的关系并没有在第三阶段的基础上进一步发展，而是仅仅在第三阶段的同一水平上简单重复。例如，同一个宿舍里，在与他人确定好朋友的关系后，一般来说，这种关系都比较稳固，在这个阶段一旦关系破裂将很难再恢复。

五、人际关系的深度

奥尔特曼和泰勒（1973）也发现，良好的人际关系是在人们的自我暴露逐渐增加的过程中发展起来的。随着人们对一个人的接纳性和信任感越来越高，其也会越来越多地暴露自我，同时也要求别人越来越多地暴露他们自己。因此，要想知道你和别人的关系深度如何，或别人对你有多高的接纳性，只需要了解别人对你的自我暴露深度。

（一）自我暴露的广度与深度

社会心理学领域的大量研究发现，人们对陌生人，与对熟悉者和亲密朋友，在自我暴露的广度和深度上是明显不同的（图 4–1）。对于陌生人，自我暴露的深度和广度都极为有限，交流只涉及非亲密性的话题。对于熟悉者，自我暴露的深度和广度会增加，但只在小范围内涉及亲密话题。而对于亲密朋友，交流最为广泛充分，所涉及的亲密话题和非亲密话题都很广泛。但是必须注意，对于任何人，无论关系多么亲密，人们都有不愿意暴露的领域。因此，人们没有理由因为关系亲密或者是情侣、夫妻、亲子关系而要求对方完全敞开心扉，更不能任意侵犯对方所不愿暴露的领域。否则，对方会产生强烈的排斥情绪，从而导致对你的接纳性大大降低。

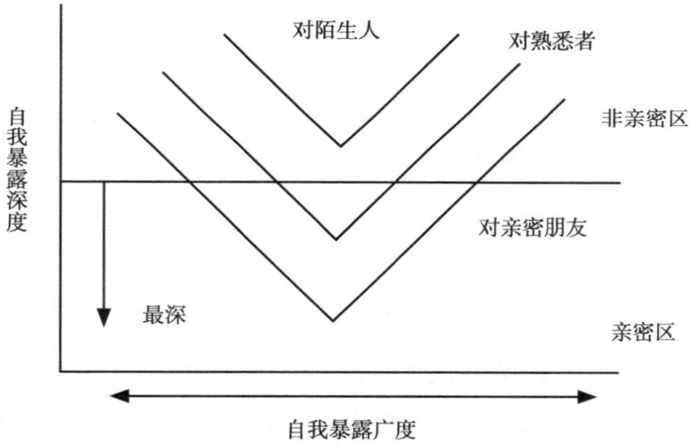

图 4–1　自我暴露的深度与广度

（二）自我的分层

自我的分层有哪些方面？对于这个问题，鲁宾、申克（Z. Rubin & S. Shenker，1978）等直接以大学生为研究对象进行了研究，结果发现：第一层是自我最表层水平，包括人们的情感、兴趣爱好，如饮食、偏好、日常情趣、消遣活动的选择等。第二层是人们的态度，如对某一个人的看法、对时事政治的观点、对某一课程教师的评价等。属第三层是自我的人际关系与自我概念状况。如人们同父母的关系、自己的夫妻关系、亲子关系状况或自己的担心、自卑情绪等，都属于自我的第三层，对属于这一层的问题，人们有很高的自我卷入，轻易不向别人暴露。

属于自我最深层的是人们通常称为隐私的方面。有关这些方面的信息，人们可能一辈子也不会对任何人暴露。如果别人向我们暴露了他们的这些方面，那说明他对你有超乎寻常的信任和依赖。对于别人这些方面的事情，我们应当从保护别人的角度考虑，不应对其他任何人提及。

通过了解别人在怎样的层次上对我们暴露自己，我们不仅可以很好地了解别人对我们的信任和接纳的程度，也可以了解我们和别人关系的状况。当然，我们自己对别人的信任和接纳程度如何，也可以通过我们没有顾虑地对别人暴露哪一层的自我信息来了解。自我暴露的层次越深，说明我们在一种关系上卷入的程度也越深。

六、人际关系原则

每个人都希望自己能处理好与他人的关系，而人际关系原则是指导人们更好地建立并维持自己期望的人际关系的重要工具。

（一）真诚原则

真诚是打开别人心灵的金钥匙，因为真诚的人会使对方产生安全感，减少自我防卫。在人际交往中，真诚能使人们对他人的行为有一定的预见性，因而更容易建立安全感与信任感。不真诚或欺骗意味着对方会对自己如何行为是不确定的，这就意味着自己的利益可能会遇到侵害。在心理上，最使人感到恐惧的不是一件不幸事情的发生，而是随时担心一件事情的发生。这种担心会使人长期处于高度自我防卫状态，并使人在主观上感受到焦虑与不安。越是好的人际关系，越需要关系的双方暴露一部分自我，把自己的真实想法与人交流。

美国心理学家安德森（N. Anderson，1968）曾设计了一张表，列出了 555 个描述个性品质的形容词，让大学生指出哪些个性品质最受欢迎、哪些个性品质最不受欢迎。结果表明，大学生评价最高的品质是真诚，排在最前面的 8 个个性品质中有 6 个与真诚有关，它们分别是真诚、诚实、忠诚、真实、可信和可靠。可以看出，这些都与真诚有直接或间接的关系。把握真诚原则需要做到以下两点：

（1）真诚地表现自己。只要相信自己的观点是正确的，认为自己的态度、兴趣或情感是真实自我的反应，就要自然地表露出来，切忌逢场作戏、故作深沉。当然，真诚地表现自己不等于自我发泄、不顾及他人的感受、自己想说什么就说什么。真诚要以善为前提，真诚是善的动机与效果的统一。真诚地表现自己时要注意适时、适度、含蓄，不能造成对他人的伤害。

（2）真诚地对待他人。真诚地对待他人就是在善良动机的前提下真诚地评价、关心、理解和帮助他人。人无完人，每个人都有自己的长处与不足，对待他人既不能一味地夸奖，也不能一贯地否认，而是要热诚地赞许、善意地批评和恰当地评价。从人际关系角度来讲，肯定别人的长处可以增进相互间的沟通，但赞扬别人需要真实、确切，而不是阿谀奉承、言不由衷。对于他人的缺点与不足，应给予及时的提醒，同时注意语言要含蓄、委婉，要考虑到他人的心理承受能力。

（二）交互原则

1. 人际交往中的交互现象

日常生活中，每个人都希望别人能够承认自己的价值，支持、接纳和喜欢自己。人们在社会交往中往往更注重自己的自我表现，以吸引别人的注意力，处处期待别人首先接纳和喜欢自己。这种以自我为出发点的倾向，恰恰是人们在人际关系上遇到障碍的原因之一。阿伦森与林德（E. Aronson & D. Linder，1965）通过大量的实验研究发现，人际关系的基础是人与人之间的相互重视、相互支持。[①]人际间的喜欢与厌恶、接近与疏远总是相互的，通常情况下，喜欢我们的人，我们才去喜欢他们；愿意接近我们的人，我们才愿意接近他们。也就是说，他人不会无缘无故地接纳、喜欢我们，他人对待我们的态度是以我们对待他人的态度为前提的。

阿伦森与林德的实验充分验证了这一点。实验中，研究者安排互不相识的被试参加一系列合作性活动。每次交往以后，研究者都有意安排一名被试（研究者的助手）对研究者评价其他被试（真被试），或表扬、或抱怨、或先贬后褒、或先褒后贬，并故意安排被评价者听到。最后，让被评价者自己选择下一阶段实验的合作者时，受到表扬的被试，都倾向于选择原来的伙伴（研究者的助手），而受到抱怨的被试，则倾向于拒绝选择原来的搭档（研究者的助手）。其他许多研究也证明，对于真心接纳和喜欢我们的人，我们也倾向于接纳对方，愿意同他们交往并建立和维持关系；相反，对于表现出不喜欢和排斥我们的人，我们也倾向于排斥

① 章志光，金盛华，2008. 社会心理学［M］. 北京：人民教育出版社 .

和疏远对方，避免与其有进一步的交往。

2. 人际交往交互性的成因

福阿夫妇（U.G. Foa & E. B. Foa，1974）发现，任何人都有保护自己心理平衡的稳定倾向，都要求自身同他人的关系保持某种适当性、合理性，并根据这种适当性、合理性调整并解释自己的行为。这样，当他人对我们做出一个友好的行为，对我们表示接纳和支持时，我们也会感到“应该”对他人做出相应的友好回报。这种“应该”的意识会使我们产生一种心理压力，迫使我们对别人也表示相应的接纳行为。否则，就会觉得自己的行为是不合理、不适当的，就会妨碍自己的内心平衡。

我们对于行为合理性和适当性的理解也会投射到与我们发生相互联系的他人身上。当我们对他人做出一个友好的行为，对他人表示接纳和支持以后，我们也会产生一种要求他人做出相应行为的期望。如果别人的行为偏离了我们的期望，我们会认为别人不通情理，认为对方不值得我们以友好的态度对待，从而产生一种不愉快的情绪体验，对其产生排斥情绪，甚至会“收回”对他人的友好。同样道理，对于排斥和拒绝我们的人，其排斥与拒绝对我们来说是一种否定。因此，我们也必须报之以相应的排斥和拒绝，这样我们的行为才被认为具有合理性和适当性。如果我们反而接纳与喜爱这样的人，那我们的行为就得不到合理的解释，也难以达到心理上的平衡。所以，在实际生活中，对于排斥和拒绝我们的人，我们对他们也会做出相应的排斥和拒绝行为。

基于以上原因，社会心理学家强调，人们在人际关系的建立与维持中必须首先遵循交互原则。对于同我们发生来往的人，我们应首先接纳、肯定、支持、喜爱他们，以保证人际互动的顺利进行。

（三）功利原则

1. 人际交往的本质是社会交换

人际关系的交互原则强调的是人际交往行为倾向的相互对应。在日常生活中，人与人之间的交往更多的时候不仅需要倾向的相互一致，还需要保持交换的对等。许多研究表明，朋友和亲密伴侣之间的确关注他们在关系之中的收益和成本，而这些影响了他们对这段关系是否会抱有良好的感觉。①

社会交换理论的创始人霍曼斯（G. C. Homans）把“社会交换”定义为“交换双方相互有选择的强化对方的行为，交易某种资源，并影响到未来交换可能性的活动或行为”。布劳则指出，社会交换是“当别人做出报答性反应就发生，当别人不再做出报答性反应就停止的行动”。霍曼斯（1961）认为，人与人之间的交往本质上是一个社会交换过程。而这种交换，不仅包括有形之物的交换，同时还包括情感、信息、服务等无形之物的交换。福阿夫妇首次明确把可以交换的内容称作资源，并把交换资源界定为“可以通过人际行为传递的任何物质的或符号的东西”。这一界定涵盖了参与人际交往或与人际交往有关的一切内容，他们把交换资源划分为 6 大类：爱、地位、服务、信息、物品和金钱。

社会交换理论认为，人是理性的动物，要求自己的一切行动都有符合心理逻辑的充足理由。在人际关系领域也是如此，只有当一种关系对人们来说是值得的，人们的交往行为才能出现，人际关系才可以建立和维持。所谓的值得是指在交换过程中所得大于或至少等于所失。

对于那些对自己来说不值得，即失多得少的人际关系，人们则倾向于逃避、疏远或终止其交换，以保持内心的平衡。由此可以看出，人们的一切交往行动及人际关系的建立与维持，都依赖于人们的某种价值选择。

任何人都有一定的价值观，以及由其派生出来的得失观念。因此，人际关系的功利原则适合我们每一个人。人际关系的功利原则提醒我们，要想被他人所接纳，与他人建立和维持良好的人际关系，就必须了解他人在人际关系方面的价值倾向，并在与他人的交往中时刻顾及其的得与失。只有让他人感觉到得大于或等于失，人们和他人的关系才能够建立、维持和发展。这就是心理学家所强调的人际交往中的关系维护问题。无论人们和他人的关系如何亲密，都不能一味地索取而不“投资”。否则，原来亲密的关系也会逐渐疏远，并使这种关系变得困难重重。应该指出的是，这里所强调的人际关系维护，并不意味着人们一定要吃亏或多投资少收益。心理学家所做的大量研究证实，人们在人际关系交往中会自然地选择给双方带来最大满足的行为。因此，人们实际上可与更多的人保持真正平等、合

① ［美］ Elliot Aronson， Timothy D. wilson， Robin M. Akert；侯玉波等译 . 社会心理学［M］. 北京：中国轻工业出版社，2005.

理的交往或关系。

2．增值交换与减值交换

我国心理学家研究发现，由于人们的价值观的倾向不同，人际交往中也存在不同的社会交换机制。对重内在情感价值的人来说，他们在人际关系中个人情感的卷入更多，因而有明显的重情谊、轻物质的倾向。这一类人与别人的交往倾向于增值交换过程，也就是说，他们对于交往媒介的价值估计，往往高于交换行动的发出者。从而，他们在人际交往中总感到欠别人的情分。因此，在他们进行回报时，往往也超出别人的期望。这种过程的循环往复，就导致了卷入增值交换过程的双方都感到得大于失。

同样的，人际交往中也有与增值交换相对应的减值交换机制的存在。对重外在物质利益的一类人来说，他们在人际关系中，纯粹的物质利益交换意识要多于个人情感的投入，因而他们倾向于用物质价值来衡量自己在人际关系中的得与失。这类人与别人的交往倾向于减值交换过程，也就是说，他们对于交换媒介的价值估计，往往低于交换行为的发出者。他们总感到自己在人际交往中吃亏，别人对他们没有做到所应该做的。这样，他们在对别人的交往行动进行回报时，就往往低于别人的期望。卷入减值交换过程的双方最终往往都感到失大于得，认为与对方交往不值得。心理学家认为，人际关系双方都感到失大于得，正是由减值交换机制引起的。在实际生活中，交往双方都感到失大于得的现象只在这种情况下发生。

（四）自我价值保护原则

所谓自我价值，指个人对自身的意识与评判。自我价值的保护则是指人为了保持自我价值的确立。心理活动的各个方面都有一种防止自我价值遭到否定的自我支持倾向。大量的社会心理学研究证明，任何一个人，其心理活动的各个方面，从对行为的解释到人际交往，都有明显的自我价值保护倾向。

（1）在知觉方面，人们可能都有体会，当人们看自己支持的球队与其他球队对抗时，往往会感到裁判对自己支持的球队不公平。而事实上，每一个裁判都刁难这类球队是不可理解的。这里显然只有一种解释，那就是人们所看到的现象已不是事物的本来面目，而是在其中已经融入了自己的愿望。由于高度希望与自身荣辱相连的己方队员获胜，人们对己方的犯规动作高度宽容，而对对方队员的犯规却一点儿不能容忍，甚至是希望对方犯规。这说明人们的知觉是自我支持的。

（2）在内部信息的加工上，心理学家发现，人们总是对支持自己观点的信息记得多、忘得慢；而对反对自己观点的信息则记得少、忘得快。记忆是自我保护的。

（3）在对行为的解释上，自我价值保护的倾向更加明显。当自己获得成功时，会倾向于将原因归于自身，以显示自己优越于别人。而当别人取得成功，自己在社会比较上处于不利地位时，则会将别人的成绩归因于外部条件，以说明他们自身条件并不比自己优越。

（4）在人际关系方面，人际交往中的接纳和拒绝是相互的。人们只接纳那些喜欢自己、支持自己的人，而对否定自己的人则倾向于排斥。这里同样可以看到明显的自我保护倾向。

（五）情境控制原则

情境的不明确或不能达到对情境的把握，会引起机体的强烈焦虑。对于人来说，不仅对物理环境的不明确和不能把握会引起焦虑，对社会环境的不明确和不能把握，也同样会引起机体处于高度紧张的自我防卫状态。因此，人们对于这类社会情境也倾向于逃避。例如，当新生入学时，往往由于对周围环境和人都缺乏了解，因而机体会在相当长一段时间内都处于高度紧张的自我防卫状态。直到熟悉了周围的环境，了解了经常发生联系的同学和教师，才能真正比较放松和适应。

情境控制原则是指人都需要达到对所处情境的自我控制。因此，要想使别人从内心深处真正接纳自己，就必须保证别人在与自己共处的时候能够实现对情境的自我控制，保证表现自己的自由。如果我们增加了别人达到情境自我控制的困难，或是与别人对情境的控制不对等，使别人的自我表现受到限制，而不得不保持一定水平的防卫，那么，别人实际上不可能对我们有深层的接纳，我们与其关系的状况也只能停留在正式的、表层的水平上。

第二节 人际沟通

一、人际沟通的概述

人际沟通是指一种有意义的互动历程，是人们之间的信息交流过程，即人们在共同活动中彼此交流各种观念、思想和感情的过程。这种交流主要通过言语、表情、手势、体态以及社会距离等来表示。

它含有 3 个重要的概念：

（1）人际沟通是一种历程，指在一段时间内有目的地进行一系列的行为。与亲人饭后的闲聊，或和好友千里一线牵的电话聊天，甚至使用网络与网友们聊天都是人际沟通的例子，而在每一个沟通的历程里都会产生意义，这些行为都算是在进行人际沟通。

（2）它是一种有意义的沟通历程。在沟通的过程中，其内容表现的是“什么”，其意图传达的理由是“为何”，以及重要性对应此沟通“有多重要”。

（3）双方在沟通历程中表现的是一种互动，在沟通的过程中以及沟通之后所产生的意义都要负有责任存在。在尚未沟通之前，不能先预测沟通互动后的结果。例如，一个男孩子向他心仪的女孩子表白：“我喜欢你”，此时在还未造成互动前，不能知晓结果为何，可能是同意，也可能是不同意，这个结果又存在许许多多的语气、态度等差别。

沟通是人与人之间发生相互联系的最主要的形式。沟通的广度和方便程度是生活质量的最重要方面。现代生活最重要的方面是交通的便利和通信的发达，而它们所改善的首先是人们沟通的状况。

把人的观念、思想、情感等看作信息，把人际沟通看作信息交流的过程，按照苏联社会心理学家安德烈耶娃的说法，这种观点可以说是迈出了很有意义的一步，使之可以用信息论的观点来解释人际沟通的整个过程。

二、人际沟通的功能

人际沟通具有心理、社会和决策等功能，与人们的生活息息相关。

（一）心理功能

人们是为了满足社会需求和他人沟通。在心理学中，认为人是一种社会的动物，人与他人相处就像需要食物、水、住所等同等重要。如果人与其他人失去了相处的机会与接触方式，大多会产生一些症状，如产生幻觉、丧失运动机能，并且会变得心理失调。但山居隐士们自愿选择遗世独立是一种例外。人们平常可与其他人闲聊，即使是一些不重要的话，却能因满足了彼此互动的需求而感到愉快与满意。

人们是为了加强肯定自我而和他人沟通。由于沟通，人们能够探索自我以及肯定自我。自己有什么专长与特质，有时是借由沟通从别人口中得知的。与他人沟通后所得的互动结果，往往是自我肯定的来源，人都想被肯定、受重视，从互动结果中就能找寻到部分答案。

（二）社会功能

人际关系提供了社会功能，而社会功能使人们可以发展和维持与他人间的关系。人们必须经由他人的沟通来了解他人。经过沟通的历程，人际关系得以发展、改变或者维系。因此，在与某人进行第一次交谈后，可能会决定和此人保持距离、接近或远离。

（三）决策功能

人除了是一种社会的动物之外，也是一个决策者。人们无时无刻不在做决定，不论是要不要去看电视、明天要穿哪一套衣服，或者是否该给对方个微笑，都是在做决策。但有时可能是自己决定的，有时是和别人商量后一起做的决定。沟通满足了决策过程中的两个功能：促进资讯交换；影响他人。正确和适时的资讯是做有效决策的基础。对于资讯，有些是经由自己的观察，有些是通过阅读，有些是从传播媒体得来，但也有些是经由与他人沟通而获得的。人们可以通过人际沟通影响他人的决策，如和朋友去买衣服，朋友的询问意见与你的传达意见之间的互动就可能会影响结果。

三、人际沟通的原则

（一）目的性

人与人沟通是有目的性的。比如，你在一个城镇中迷路了，开口问路，希望能够因此而获得帮助，不论你问的是什么对象，一名警察或是小孩，不论你的语气是和缓或着急，均有一个你所要设法求得的目的性存在，即你想知道自己身处何方，如何找到你要走的路。再如，和人借东西，沟通中的许多话也许是多余的，也许因不好意思开口而拐弯抹角地说，但其目的仍是要借东西，所以沟通具有目的性。

（二）象征性

沟通可能是语言性的，也可能是非语言性的，如面部表情能够表现出人的非语言沟通；或者用文字沟通，如书信或网络聊天等。它们能够传达某种含义，均有一种象征性的作用。

（三）关系性

在任何沟通中，人们不只是分享内容意义，也显示彼此间的关系。在互动行为中涉及关系中的两个层面：一种是呈现在关系中的情感；另一种是人际沟通中的关系本质在于界定谁是主控者。而关系的控制层面有互补的，也有对称的。在互补关系中，一人让另一人决定谁的权力较大，所以一人的沟通信息可能是支配性的，而另一人的信息则是在接受这种支配性。在对称关系中，人们不同意有谁能居于控制的地位，当一人表示要控制时，另一人将挑战他的控制权以确保自己的权力，或者是一人放弃权力而另一人也不肯承担责任。互补关系比对称关系较少发生公然的冲突，但是在对称关系中，权力较可能均等。

（四）学习性

人们在社会化的过程中很自然地进行着人际交往，很少人注意人际沟通的形态与技巧。有些人甚至把一些沟通或态度上的错误都理解成“这是天生的，无法改变的”，不会试图去改变自己的错误沟通态度。其实沟通是需要学习的，我们要试着去观察周围环境的人，学习一些好的沟通技巧，摒弃一些错误的做法。

四、人际沟通的意义

心理学家赫伦（W. Heron，1954）曾经做过“感觉剥夺”实验，他将自愿参加的被试关在一个杜绝光线和声音的实验室里，身体的各个部位也被包裹起来，以尽可能地减少触觉。实验期间除给被试必要的食物外，不允许其获得任何其他刺激。结果，仅仅3天，被试的整个身心就出现严重障碍，甚至连大动作的准确性也受到严重损害。这说明人与人之间的沟通所提供的信息是具有社会性的信息，这种信息对人来说比一般的物理性刺激更重要。

在智慧活动和智力发展方面，沟通是必要的前提。人们对因战争而独居深山数十年的特殊个案进行过研究，发现沟通的缺乏对人们语言能力及其他认知能力都有损害。心理学家以早产儿为对象所进行的实验显示，增加与早产儿的沟通，并对他们进行按摩，有助于他们最终实现正常发展，而没有做这种实验处置的早产儿，则多数有这样或那样的问题。

五、人际沟通的条件

人际沟通可以归结为信息的交流。整个沟通过程由7个要素组成，包括信息源、信息、信息渠道、信息接收者、反馈、障碍和背景。

（一）信息源

信息源是指具有信息并试图进行沟通的人，也就是信息发出者。他们开启沟通过程，决定以谁为沟通对象，并决定沟通的目的。沟通的目的可以是提供信息；也可以是影响别人，使别人改变态度；还可以是与人建立某种联系娱乐。作为信息源的沟通者在实施沟通前，必须首先在自己丰富的记忆里选择试图沟通的信息。然后，这些信息还必须转化为信息接收者可以接受的形式，如文字、语言或表情等。沟通准备过程的一种直接效果是使人们对自己的身心状态认识得更准确。一个人每天获得的知觉、思想观念和感受是很多的。

但是，在人们试图将信息转化为可沟通的形式之前，这些信息是混沌的，缺乏足够的结构化。比如，人们在读一本小说时，小说中的情节和绝妙好词很多，但只有倾向性的印象，而缺乏确切的观念。只有在试图把小说的故事讲给别人听，精心整理出思路，给出自己的评价和感受时，人们才真正理解了小说，了解了自己对于小说的评价。有过准备讲稿经验的人有深切的体会，只有真正确切了解了某件事情或某种知识，才能讲得出、写得好。如果没有仔细的沟通准备过程，就常常会出现觉得有千言万语要说，但就是什么也说不出来的现象。

（二）信息

信息是沟通的内容。从沟通意向的角度来说，信息是沟通者试图传达给别人的观念和情感。但个人的感受不能直接被信息接收者接受，因而它们必须转化为各种不同的、可被别人所觉察的信号。在各种符号系统中，最重要的是语词。

语词可以是声音信号，也可以是形象（文字）符号，因而它们是可被觉察、可实现沟通的符号系统。更重要的是，语词具有抽象指代功能，它们可以代表事物、人、观念和情感等自然存在的一切。因此，它们也在广度和深度上为沟通提供了最大的可能性。

语词沟通是以共同的语言经验为基础的。没有相应的语言经验，语词的声音符号就成了无意义的音节，形象符号也成了无意义的图画。如果对不懂中文的人讲中文，那对方就不能从你的声音符号中获得意义，沟通也就不能实现。另一方面，即使是使用同一种语言的人，对于同一个语词，不同的人在理解上也常常是有区别的。因为对于任何一个语词的意义，不同的人都有不同的经验背景。由于不同的人在词义理解上存在差异，实际上完全对应的沟通是很少的，更多的沟通都发生在大致对应的水平上。在日常生活中，人们时常出现误解，也往往是由于对于同一个语词的理解不一致引起的。

（三）信息渠道

信息渠道是信息的载体。人们的 5 种感觉器官都可以接收信息，但最大量的信息是通过视听途径获得的，日常生活中所发生的沟通也主要是视听沟通。通常的沟通方式不仅有面对面的沟通，还有以不同媒体为中介的沟通，电视、广播、报纸、电话等，都可被用作沟通的媒介。但是，心理学家的研究发现，在各种方式的沟通中影响力最大的仍是面对面沟通的方式。

面对面沟通时除了语词本身的信息外，还有沟通者整体心理状态的信息，这些信息使沟通者与信息接收者可以发生情绪的相互感染。此外，在面对面沟通的过程中，沟通者还可以根据信息接收者的反馈及时调整自己的沟通过程，使其变得更适合听众。面对面沟通能够更有效地对信息接收者产生影响，即便是在通信技术高度发展的现在也是如此。

（四）信息接收者

信息被接收者所接收是沟通的根本目的，信息接收者指接收来自信息源的信息的人。信息接收者在接受携带信息的各种特定音形符号之后，必须根据自己的已有经验，将其转译成信息源试图传达的知觉、观念或情感。这是一个复杂的过程，包括一系列注意、知觉、转译和储存心理动作。由于信息源和信息接收者拥有两个不同但又具有相当共同经验的心理世界，因此，信息接收者转译后的沟通内容与信息源原有的内容之间的对应性是有限的。不过，这种有限的对应性在更多的情况下足以使沟通的目的得以实现。

在面对面的沟通过程中，信息源与信息接收者的角色是不断转换的，前一个情境中的信息接收者，或许会成为下一个情境中的信息源。在日常生活中，每一个人都必须很好地了解如何有效地理解别人和被别人理解，了解沟通过程中信息的转译和传递机制，只有这样才能提高沟通的有效性和准确性。

（五）反馈

反馈是信息源和信息接收者相互间的反应，反馈的作用是使沟通成为一个交互过程。在沟通过程中，沟通的每一方都在不断地将信息回返给另一方，这种回返过程就称作反馈。反馈可以告诉信息源关于信息接收者接受和理解每一信息的状态。如果反馈显示信息接收者接受并理解了信息，这种反馈为正反馈。如果反馈显示信息源的信息没有被接受和理解，则为负反馈。显示信息接收者对于信息源的信息反应不确定状态叫作模糊反馈。模糊反馈往往意味着来自信息源的信息尚不够充分。成功的沟通者对于反馈都十分敏感，并会根据反馈不断调整自己的信息。

反馈不一定来自对方，人们也可以从自己发送信息的过程或已发出的信息中获得反馈。当人们发现所说的话不够明确或写出的句子难以理解时，可以进行调整，与外来反馈相对应，心理学家称这种反馈为自我反馈。

（六）障碍

障碍是沟通中阻止理解和准确解释信息的因素。人类的沟通经常发生障碍。因此，分析沟通过程不能不分析障碍问题，我们可以将人类的沟通系统比作电话回路。在电话回路中，任何一个环节都可能出现问题，对沟通形成障碍，在人类的沟通过程中也有大致相同的情况。信息源的信息不充分或不明确、误用沟通方式、信息接收者误解信息、偏见、跨文化等，都可以对沟通造成障碍。

（七）背景

沟通过程的最后一个要素是背景，背景是指沟通发生的情境，它影响沟通的每一个要素，同时也是影响整个沟通过程的关键因素。在沟通过程中，许多意义都是由背景提供的，甚至语词的意义也会随背景而改变。

六、人际沟通的途径

作为信息传递的过程，人际沟通必须借助一定的符号系统才能实现。所以，符号系统是人际沟通的途径。我们可以把符号系统划分为两类，即语言符号系统和非语言符号系统。

（一）语言符号系统

语言符号系统，是指利用语言进行的言语沟通。语言是社会约定俗成的符号系统，而言语是人们运用语言符号进行沟通的过程。语言是人类最重要的沟通工具，也是信息传递的最有力手段。

1．语言的分类

语言可以分为口头语言和书面语言，即语音符号系统和文字符号系统。

在面对面沟通中，口头语言是最常用的，而且收效最快。例如，会谈、讨论、演讲及当面对话都可以直接、及时地交流信息，沟通意见。

在间接沟通中，一般采用书面语言，它不受时间和空间的限制，不仅可以长时间地保存、远距离传递，发出信息者还可以充分地考虑词语的恰当性。书面语言扩大了人们认识世界的范围。

2．语言的社会功能

语言对人们的影响是巨大的，通过语言交流，人们实现了不同的目的。语言的社会功能主要包括认知功能、行为功能、情感功能、人际功能和调节功能。

（1）认知功能：是语言最基本的社会功能，是指人们通过语言来传递某种知识、信念或观点。人们需要清晰的表达来传达具体的信息，如怎样操作一台机器。

（2）行为功能：是指人们通过语言去影响信息接收者的行为、态度，或改变信息接收者的状态等，以完成某项工作。如家长对孩子说："不能浪费粮食！"这样就通过语言交流影响了孩子的行为。

（3）情感功能：指人们用语言来表达情绪体验、联络情感。人们需要有力、生动的语言来表达自己的感情、感染听众、激励他人。

（4）人际功能：即语言的交际被用来建立、保持和维护人际关系的功能，如见面时的打招呼和问候等。

（5）调节功能：指人们用语言来调节身心状态，如许多人都有过通过向信任的人诉说自己的苦恼来缓解心理压力的经历。语言的表达有宣泄情绪、促进心理健康的作用。如在心理咨询中，通过让来访者进行语言宣泄，可以达到一定的治疗效果。

3．语言的复杂性和策略性

世界上有许多种语言，不同的地区还有不同的方言。语言使用状况比较复杂；不同的群体有不同的语言风格，医生、律师、科学家等群体都使用各自的专门术语。鉴于语言本身的这种复杂性和其在沟通中的作用，语言对人际沟通的影响是广泛而深入的。因此，在沟通时，语言的运用要根据不同的对象和环境而改变，不然，沟通就有可能在任何一个环节出现误会。

显然，在交往中，面对复杂多变的情境，人们表达同一意图的语言形式并不唯一。有大量的研究表明，人们对语言的运用表现出明显的策略性。人们说话时不仅依赖不同文化背景下社会约定俗成的规则、交际礼仪和契约，还会根据特定的情境和交际对象进行调整，话语时而直接，时而委婉。人们采用的语言表达形式也体现了语言的策略性。

语言的表达是如此重要，但制定在所有场合和情况下如何选择语言的规则是不可能的，它有赖于人们多年的学习和实践。

（二）非语言符号系统

非语言符号系统是指在人际知觉和沟通过程中，凭借动作、表情、实物、环境等进行的信息传递。人们常常认为非语言符号系统是不重要且数量较少的，但是事实并非如此。

美国传播学家艾伯特·梅拉比安（Albert Mehrabian）通过实验把人的感情表达效果量化成了一个公式：信息传递的 100% = 7% 的语言 +38% 的语音 +55% 的态势。从该公式可以看出，非语言符号系统在沟通中具有重要的功能，它能补充、调整、代替或强调语言信息。绝大多数非语言信息具有特定的文化形态，在传达时是习惯性的和无意识的，它可能与语言信息相矛盾，以非常微妙的方式传递感情和态度。非语言符号系统一般有以下几种形式。

1. 视—动符号系统

心理学家经过严格的观察研究发现，“此时无声胜有声”绝不是简单的主观感受，而是科学事实。在两个人面对面沟通（即人际沟通）中，55% 以上的信息交流是通过无声的身体语言实现的。身体语言在人际沟通中有口头语言所不能替代的作用。

手势、面部表情、体态变化等都属于这个系统。动态无声的皱眉、微笑、抚摸或静止无声的站立、依靠、坐态等都能在沟通中起作用。

身体运动是最容易被觉察的一种身体语言，更容易引起人们的注意。身体运动语言与人们日常生活的关系是很密切的。聋哑人借助手势语言，实现了与别人的沟通。第二次世界大战时期，英国首相丘吉尔发明了“V”手势，成了世界上广为运用的代表胜利的手势语（“V”意为“胜利”，是英文“Victory”的头一个字母，竖起中指与食指并展开，就成了“V”字）。每个人都可以列出一个自己习惯使用的身体运动语言清单（不妨试试，可以帮助我们更好地了解自己）。

在日常生活中，人们经常使用姿势来进行沟通。在需要表示对别人尊敬的情境中，如与上级谈话，人们的坐姿自然就比较规范，腰板挺直、身体稍稍前倾，有些人则干脆“正襟危坐”。如果人们对别人的谈话表示不耐烦，则坐的姿势就会后仰，全身肌肉的紧张程度就会明显降低。无论什么人在讲话，只要看一眼听者的姿势，就会明白他的讲话是否吸引听众。

心理学家萨宾（T. R. Sarbin，1954）通过对生活的细致观察，曾经总结出一些经常使用的姿势，发现通过姿势实现的沟通有广泛的适应范围。一些姿势是世界性的沟通语言。事实上，也正因为不同文化中存在如此众多的共同沟通方式，跨文化、跨国度的人际沟通才成为可能。比如，西方人演电影时用身体姿势表示欣赏、理解、困惑、接纳、拒绝、傲视、防卫、敌对等，我们在看电影时也能建立高度类同的概念。

人们身上的装饰所起的沟通作用是自然发生的。任何有关自己的装饰，从发式、服饰、化妆到所携带的物品，都在透露一个人的信息。事实上，人们也正试图通过各种装饰来透露自己的信息，很少人对自己的服饰仪表全无知觉。服饰主要包括服装、化妆和携带品等。服装是服饰的主体方面。服装不仅反映一个人的性别、年龄、职业、地位，也反映一个人的社会角色、性格乃至情绪倾向。各种颜色、式样、档次的服装，不仅反映了人们五彩缤纷的需要，也反映了着装者不同的特点。崇拜名牌的人，会很乐意把服装的标记显露出来；对自己的大学生身份感到愉快的人，会经常穿印着“×× 大学”字样的运动衣或 T 恤衫；追逐时髦的人，会很愿意穿流行的服装；爱干净的人，会时刻注意自己服装的整洁；喜欢被别人注意的人，总喜欢有特别的穿戴等。服装的自我显示作用由此可见。

化妆也是一种特殊的身体语言和沟通方式。一个人的化妆风格不仅直接反映其期望向别人表露自己的哪些信息，也反映其的审美情趣与性格特点。一些有强烈吸引别人注意欲望的人，会不顾自己的特点，浓妆艳抹；而大多数性格稳重、知识修养较好的人，往往只化淡妆。在首饰佩戴上，个人特点的反映更加明显。有些人佩戴的首饰与自己的特征融合而和谐，起到了增加美感、画龙点睛的作用，而有些人佩戴的首饰却是为了向别人显示财富，这些装饰是人体语言的扩展和延伸。

在人际交往中，视—动符号系统会给人们很多提示，通过了解一个人的行为语言，人们可以分析他人的状态，调整自己的谈话方向。

2．时—空组织系统

人际空间距离可以表现出人与人之间关系的密切程度。个体空间的一般距离会因文化而异，也会因地位差异与性别有别，在社交环境里，人们都要遵守支配空间使用与运动的社交准则。有关人们在人际互动中如何使用空间和距离的研究，被称作空间关系学，这是由霍尔（Edward Hull）提出的概念，他将人际空间距离分为 4 种：亲密距离、个人距离、社会距离和公众距离。

（1）亲密距离：0~46 厘米，属于亲爱的人、家庭成员、最好的朋友，在此区域中可以有身体接触，如拥抱、爱抚、接吻等，话语富有情感，并排斥第三者加入。

（2）个人距离：46 厘米 ~1.2 米，同学、同事、朋友、邻居等在此区域内交往，由于距离有限，在此区域内说话一般避免高声。

（3）社会距离：1.2~3.6 米，人们在此区域相识但不熟悉，交往自然，进退也比较容易，既可发展友谊，又可彼此寒暄，纯粹应付。

（4）公众共距离：3.6 米到目光所及，与陌生人的距离，表明不想有发展，人们在此区域难以单独交往，主要是公共活动，如作报告、等飞机等。

人们每天随着交往环境的变化，使用不同的人际空间距离。在学校演讲时，与听众之间的距离最大，是公众距离；在与客户谈判时，双方之间的距离是社会距离；个人距离是与朋友聊天的距离；等到回到家，与孩子和爱人之间的亲密接触就是亲密距离。当人们违反了这些规则，就会引起对方不舒服。每个人都有自己的心理空间距离，这个距离太远或太近都会让自己不舒服。接近性的平衡理论认为如果人际空间距离小到不合适的时候，人们就会减少其他途径的接近性，减少注视、用倾斜的姿势等。典型事例是在电梯里或公交车上的行为，人们为了避免眼神直接接触的尴尬，会采取读书、玩手机或听音乐的方式。随着人口的增长和都市化进程的加快，人们在各种公众场合的个人空间越来越狭小。研究显示，人们尝试去适应越来越狭小的个人空间。

另外，对于时间的概念也影响沟通过程。在约会中准确守时，能使对方感到言而有信，创造良好的交流情境。

3. 目光接触系统

目光接触人际互动中的视线交叉，是一种广泛的非语言交流形式，具有非常重要的作用。相互之间的目光接触可以加强表达效果。"眼睛是心灵的窗户。"心理学家的大量科学研究已经证实了这一格言的合理性。研究发现，眼睛是透露人的内心世界的最有效途径。人们的一切情绪、态度和感情的变化，都可以从眼睛里显示。而且，人们可以随意控制自己的语言，并为了暂时适应某种特定情境的要求而口是心非，但人们却很难随意控制目光。观察力敏锐的人可以很好地从一个人的目光中看到其内心的真实状态，如从一个人的眼睛看出究竟是真的镇定自若，还是强装镇静，内心实际很慌乱。眼睛不仅是心灵的窗户，更重要的是"眼睛会说话"。心理学家发现，目光接触是最重要的身体语言沟通方式。许多其他的身体语言沟通方式常常也直接与目光接触有关。

4. 面部表情系统

表情一般指面部表情。面部表情是另一种可以实现精细信息沟通的身体语言。人的面部可以做出上百种不同的表情，准确地传达各种不同的内心情感状态。来自面部表情的信息更容易被人们觉察。同时，由于表情肌的运动是自觉的，人们可以随意控制，因而也出现了虚假表情的问题。很少人能够随意控制自己眼睛的变化，使其故意显示与内心状态不相一致的信息，但几乎所有人都能够随意控制自己的表情肌，使其做出与内心真实体验不对应的虚假表情。

与目光一样，表情可以有效地表现肯定与否定、接纳与拒绝、积极与消极、强烈与轻微等各种维度的情感。由于表情不仅可以随意控制、变化迅速，而且表情的线索容易觉察，因而它是一种十分有效的身体语言。人们不仅可以通过表情来显示各种情感、表达对别人的兴趣，还可以通过表情来显示对一件事情的理解状态或经由表情表达自己的明确判断。在日常的人际沟通过程中，表情是人们运用最多的身体语言沟通之一（P. Ekman & W. V. Friesen，1971）。心理学家的研究发现，虽然任何一种表情都是整个面部肌肉在起作用，但面部的某些特定部位对于表达某些特殊情感所起的作用更大。在一般情况下，表现厌恶的关键部位是鼻、颊和嘴；表现哀伤的关键部位是眉、额、眼睛和眼睑；嘴、颊、眉和额对于表现愉悦特别重要。而恐惧则主要由眼睛和眼睑表现。在通常情况下，人们的目光与面部表情是相一致的，都与内在的心理状态相对应。而在特定的情况下，如情境要求人们做出特殊的表情，以便控制自己留给别人的印象时，人们的眼神与表情会出现分离。在这种情况下，透露人们内心真实状态的有效线索是眼神，而不是表情，因为表情是可以伪装的。实际上，眼神与表情相分离这一事实本身，就是人们作假的有效信号。只不过在一般情况下，人们只去注意容易觉察的大肌肉运动，而不去注意眼神的变化。

第三节　侵犯与利他行为

一、侵犯综述

（一）侵犯的定义

侵犯即侵犯行为，指有意伤害别人且不为社会规范所许可的行为，也称攻击或攻击行为。在社会心理学中，侵犯包括伤害行动、伤害意图和社会评价 3 个方面。侵犯是有目的的行为，是有明确动机所驱使的，表现在行为和语言上。

（二）侵犯行为的理论解释

1．本能论

心理学在 19 世纪后半期成为一门独立的学科，当时受达尔文进化论的影响，把人类的动机都归因于先天的本能。

在社会心理学领域，本能论倾向的经典理论主要有弗洛伊德的精神分析观点和洛伦茨的习性论观点。

（1）弗洛伊德的精神分析观点。在20世纪，精神分析学派对侵犯展开了新的本能论研究。按照弗洛伊德的观点，死的本能本来是一种对内的自我破坏倾向，但生的本能与死的本能是对立的。人只要活着，死的本能的表现就会受到生的本能的妨碍，从而对内的破坏力量转向了外部，以侵犯的形式表现出来。

（2）洛伦茨的习性论观点。20世纪60年代，动物行为学家康拉德·洛伦茨把人的侵犯行为与动物的侵犯行为进行了比较。

洛伦茨是一位习性学家，他有关侵犯的理论观点是从动物研究推演得来的。他认为动物的侵犯有两种：一种是掠食行为，目的是填饱饥腹，这种行为是不带情绪的、近乎天性的反应；另一种是争斗行为，成群而居的动物会产生同种之间如何分配食物、性配偶和空间领域的冲突问题，动物解决这些问题的方式常常表现为威吓、争斗与侵犯。

本能论指出了人类侵犯性的生物遗留性质，提出了减少侵犯的代偿或转移方法，有显然的合理性与应用意义，至今仍保持着一定的影响。但是，用本能的观点解释所有人类的侵犯行为，并试图用简单的本能观点来解释宏观的战争等现象，忽视了人类社会自身的规律，当前的社会心理学家倾向于把生物过程看作环境刺激与侵犯之间的中介反应，研究者普遍认为侵犯是环境刺激下的一种反应，而不是本能。

2. 挫折—侵犯理论

挫折—侵犯理论是把人类的侵犯行为系统地定义为对环境条件反应的第一次尝试。该理论是由美国心理学家多拉德（J. Dollard）和米勒等在1939年提出的。挫折—侵犯理论的产生和发展一直受到精神分析理论和社会学习理论的双重影响。

所谓挫折是指当一个人为实现某种目标而努力时遭受干扰或破坏，致使需求不能得到满足时的情绪状态。多拉德于1939年提出，人的侵犯行为乃是因为个体遭受挫折而引起的，这便是所谓的挫折—侵犯理论。这个理论的主要论点认为侵犯是挫折的一种后果，侵犯行为的发生总是以挫折的存在为先决条件；反之，挫折的存在也必然会导致某种形式的侵犯。

挫折—侵犯理论提出后，得到了一些实验研究的支持。心理学家巴克尔（Barker）曾经做过一项有趣的实验：他把一群孩子分为两组——对照组和实验组，然后把他们都领到实验室的窗外，孩子们通过窗户可以看到里面放满了诱人的玩具。从一开始，就允许对照组的孩子进去玩；而对于实验组的孩子，开始的时候只允许他们在一旁观看，而不让他们进去玩，直到过了一会儿，才让他们进去玩这些玩具。实验结果表明：实验组的孩子们比对照组的孩子们表现出更多的侵犯行为。巴克尔认为，这是由于实验组的孩子们在开始的时候受到挫折的缘故。

但是，随着研究的进一步深入，许多社会心理学家逐渐发现，挫折与侵犯之间不是简单的一一对应的关系。许多生活中的例子表明，挫折并不一定导致侵犯反应，例如，当个体意识到自己所受的挫折是出于一些不得已的原因时，一般不会表现出侵犯行为；军人在战争中杀死素不相识的人，不是因为受到挫折，而是因为执行命令的结果。另外，有些人为了权力、财物而加害他人，其侵犯行为乃是为了实现特定目标而采取的一种手段，而不是受到挫折后的反应。另外，如果在个体所处的环境之内不存在给人以引导的认识线索，挫折不一定能导向特定形式的反应。

随着大量资料的积累，人们越来越感到最初的挫折—侵犯理论的观点过于简单、概括，对许多与挫折和侵犯有关的现象都不能提供令人满意的解释。心理学家米勒于 1941 年提出了修正观点，认为挫折也可以产生侵犯之外的其他后果，挫折并不一定引起侵犯，并且，侵犯与挫折的关系可以是先天的，也可以是后天习得的。

由于原有理论过度估计了挫折与侵犯的联系，著名社会心理学家伯克威茨（L. Berkowitz）1978 年以其有影响的“武器效应”研究为根据，进一步修正了挫折—侵犯理论。他提出挫折导致的不是侵犯本身，而是侵犯的情绪准备状态——愤怒，侵犯行为的发生还受情境侵犯线索的影响。与侵犯有关的刺激倾向于使侵犯行为得到增强。

3．侵犯的社会学习观点

社会学习理论从人类特有的认知能力来探讨人的侵犯反应的获得及侵犯反应

的表现。社会学习论者认为，挫折或愤怒情绪的唤起是侵犯倾向增长的条件，但并非必要条件。对于已经学到采用侵犯态度和侵犯行为以对付令人不愉快处境的人来说，挫折就会引发侵犯行为。

著名心理学家、社会学习理论的代表人物班杜拉强调，在观察学习中，抽象认知能力起非常重要的作用。当一个人耳闻目睹一种行为时，他会把观察到的知觉经验，包括行为者的反应序列、行为后果及该行为发生时的环境状况等以一种抽象的符号形态贮存在记忆系统之中，经过一段时间后，若有类似的刺激出现，他会将储存在记忆系统中的感觉经验取回并付诸行动。

二、利他行为综述

（一）利他行为概述

利他行为指任何形式下，不指望得到报答而自愿的助人行为。利他行为者可能需要做出某种程度的个人牺牲，但却会给他人带来实在的益处。西方社会心理学家研究的利他行为包括两方面：

（1）人们在一般社会交往中的利他行为；

（2）人们在紧急事件中的利他行为，即旁观者介入行为。

在非紧急情况下的一般社会交往中，社会规范对个人的行为具有重要的制约作用。D.G. 普鲁伊特 1968 年的实验表明，这种遵循社会规范的行为在人与人之间是互相的，如人们往往互相帮助，而且在程度上也是相应的。社会规范的制约作用还表现为在遇到有人需要相助时，会自觉地将提供帮助看作自己的责任。

交往情景中的榜样作用也是影响利他行为的重要因素。实验证明，人会不自觉地按照情景中榜样的行为方式行动，或采取利他行为，或袖手旁观。巴特森（Batson，1987）认为，利他行为应该指那些不图日后回报的助人行为。当一个人看到有人需要帮助的时候，他既有可能产生专注于自我的内心焦虑，也有可能产生专注于他人的同情情绪，因此，可能产生两种相对应的利他行为取向：一种是为了减轻内心的紧张和不安而采取助人行为，这种情况的动机是为自我服务的，助人者通过助人行为来减少自己的痛苦，使自己感到有力量，或者体会到一种自我价值，可以称之为自我利他主义取向；另一种情况是受外部动机的驱使，因为看到有人处于困境而产生移情，从而做出助人行为以减轻他人的痛苦，其目的是促进他人的幸福，这种情况才是纯利他主义取向。

社会学奠基者孔德曾对亲社会性的利他行为进行过最初的描述，用来涵盖所有与攻击、欺骗、谋害等否定性行为相对立的一类行为，如同情、协助、善举、分享、捐款、救难、自我牺牲等。

在社会心理学和其相关学科的讨论中，人们对于利他行为也有争论，问题一般集中在利他行为是否会有酬赏。有的学者认为，利他行为不需要任何酬赏，不论这种酬赏是来自外部（如受表扬、获奖品等），或是来自行为者内心（如产生自我满足、愉快的体验等）。但是，有的学者认为利他行为虽然不需要明显的外来酬赏，但是却需要内心的自我酬赏。一般来说，大部分社会心理学家认为真正的利他行为通常并不期待外来酬赏，但行为之后可带来自我酬赏的结果。

（二）利他行为理论

1. 社会交换理论

社会交换理论是一种关于人类相互作用的理论。这一理论认为，人类的社会行为是受到“社会经济学”导向的，人们的相互作用是一种目的在于以个人最小的代价换取最大的报偿的交易。人们在交往中所交换的不仅是物质和金钱，而且还有社会性的东西，如爱、服务、信息、地位等。人们在这样做的时候使用的是“最低失分”策略，即以最小的成本得到最大的报偿。

（1）助人行为有隐蔽的个人利益。帮助他人获得的报偿可能是外部的，也可能是内部的。为了树立自己的形象，得到他人的赞许或友谊，这是外部的，这种付出是为了得到。因此，人们最愿意帮助那些对自己有吸引力的人，并希望得到他们的认可。研究发现，那些因为他人的忧伤而引起极大烦恼的人，也是给予最多帮助的人。显然，助人的结果无论是解除内心的烦扰，还是提升个人的自我价值感，都是内部报偿。

（2）移情是真正的利他主义的根源。在移情的时候，人们的忧伤集中在遭受痛苦的人身上，而不是在自己身上。真正的移情和同情是推动人们去帮助受害者的原因。这种移情是很自然的，对受灾地区的人们的遭遇感同身受，为之担忧，抱有同情心的人比那些漠不关心的人捐献的更多，这是一再被证明的事实。

2．社会规范理论

人们经常帮助他人不是因为有意识地计算这种行为能给自己带来什么好处，而是简单地因为人们知道应该这样做。看到年老的人过马路有意地去搀扶，看到小孩子因为找不到妈妈哭的时候会过去询问等，这是社会行为规范。规范是社会的期待，告诉人们什么是适当的行为，是人们在生活中应尽的责任。

（1）互惠规范。社会学家古德纳（A. Gouldner，1960）指出，人类社会的一个普遍的道德规范就是互惠规范。对于那些帮助过我们的人应该给予回报，也给予帮助，而不是伤害。互惠之所以成为社会规范是出于这样一个假设：在社会生活中每一个人都会遇到困难，并需要他人的帮助。因此，自己帮助他人正是因为当自己遇到困难时会得到他人的帮助。所以，从根本上看，助人行为也是为自己着想，即人们认识到社会生活中的相互依赖，于是需要形成一种互惠的机制。当然这种回报可能是近期的，也可能是长远的，但总的来说，人们在交往中期待交换平衡。如果接受帮助者没有给予回报，那么就违反了互惠原则。这种规范常用于平等的关系中，也就是说，当一个人认为自己不能与对方互惠的时候，别人的帮助往往会使他感到自卑。因此，这些人更不愿意寻求帮助。

（2）社会责任规范。进一步为社会整体和长远利益考虑，社会规范规定不管个人之间是否互利，人都应该助人，人们应该帮助那些需要帮助的人，而不考虑交换，这就是社会责任规范。贝科威茨等称此规范为“社会责任”。因此，人们遵从这一规范不仅是为了互利，而且是为了“自身的声誉而采取的合乎社会要求的行为方式”。贝科威茨和邓尼斯（L. Berkowitz & L. Daniels，1963）在“责任和依赖”的研究中证实了这一点。实验要求被试在监督者的指导下制作纸信封，告诉他们这实际上是一项对监督者的管理技能的测试。他们制作成功的越多，监督者得到的奖金也将越多。让一部分被试相信监督者将取得的评价取决于自己的工作，而让另一部分被试相信自己的工作与监督者将得到的评价没什么关系。研究表明，前一组被试虽然明知自己从中得不到任何好处，但他们仍然帮助监督者，好好工作。研究者认为，被试的唯一动机就是社会责任感。

3．进化心理学理论

进化心理学认为，生命的本质是基因的保存。基因驱使人们以取得最大限度的生存机会的方式来活动。基因上的自私也预先安排了互惠。生物学家特里尔斯（R. Trirers）说，一个生物体帮助另一个生物体是它期待反过来得到帮助。给予者期待日后成为得到者，而得不到则被人们称为欺骗、出卖、背叛等。在小的和比较封闭的群体中，人们相互作用中的这种互惠特别突出。显然，互惠是为了群体的生存。生物学上的根据不等于社会生活的原则，恰恰相反，社会生活要求人们制约这种与生俱来的自私本性，因此，我们要“教”会人们利他主义。

这 3 种理论有明显的相似之处，每种理论都提出两种不同性质的利他行为：一种是互惠的交换；一种是无条件的利他主义。这 3 种理论是在 3 种不同的水平上对这两种行为进行解释的，形成了认识上的互补。进化心理学理论是建立在生物学基础上的，社会交换理论是建立在心理学基础上的，而社会规范理论是建立在社会学基础上的，而且 3 种理论都指出利他行为不是与生俱来的，而是后天习得的。

第五章　社会心理学的社会影响

社会心理学的社会影响是一种非常普遍的社会心理现象，包含很多内容，下面从社会角色、大众心理和群体心理 3 个方面进行论述。

第一节　社会角色

一、社会角色概述

角色通常指戏剧脚本中所规定的人物。但是人们发现现实社会和戏剧舞台之间是有内在联系的，即舞台上上演的戏剧是人类现实社会的缩影。

美国社会学家米德和人类学家林顿较早地把“角色”概念正式引入社会心理学的研究，使社会角色理论成为社会心理学理论中的一个组成部分。

角色理论有自己的一套术语和概念，它强调人的态度与社会行为被社会生活的“剧本”和自己在其中扮演的角色地位及周围人的影响所决定，同时也制约于本人对“角色”的理解程度、扮演技能以及处理“角色冲突”的本领。

角色地位在日常生活中对人们的态度与行为产生影响。既然每个人在社会关系中处于一定的角色地位，周围的人也就总是按照社会角色的一般模式对他的态度、行为提出种种合乎其身份的要求并寄予期望，这种现象叫角色期望。

角色采择是指把别人对自己的态度当作镜子来认识自己的形象，从而产生“自我概念”，并按照别人的期望不断调节自己的行为与塑造自己。个人完成社会期望的行为叫角色扮演。一个人因扮演行为模式互不相容的社会角色而引起的矛盾冲突是角色冲突。角色扮演术就是要求被试或受影响者在给予的情境中加以表现，从而学习充分地履行角色的方法。

我国学者俞国良等（2010）指出，社会角色包含了角色扮演者、社会关系体系、社会地位、社会期望和行为模式5种要素，于是，他们把社会角色定义为“个人在社会关系体系中处于特定社会地位并符合社会要素的一套个人行为模式”。

从学者们对社会角色的定义中，我们知道社会角色都是与特定的社会地位相对应的，即社会角色与特定的社会关系和社会组织相联系。由此，我们可以概括出社会角色包含的4种含义：

（1）社会角色是社会地位的外在表现，由人的社会地位和身份所决定，而非自定的；

（2）社会角色是人们的一整套权利、义务的规范和行为模式；

（3）社会角色是人们对处于特定地位的行为的期待；

（4）社会角色是社会群体或社会组织的基础。

笔者认为，社会角色是指与人们的某种社会地位、身份相一致的一整套权利、义务的规范与行为模式，它是人们对具有特定身份的人的行为期望，构成社会群体或组织的基础。

二、社会角色的要素

（一）角色权利

角色权利是角色扮演者所享有的权力和权益力，是角色扮演者履行角色义务时所具有的支配他人或使用所需的物质条件的权力。角色权益是角色扮演者在履行角色义务后应当得到的物质和精神报酬，如工资、奖金、福利、实物等属于物质报酬，表扬、荣誉、称号等属于精神报酬。

（二）角色义务

角色义务是角色扮演者应尽的社会责任。角色义务包括角色扮演者“必须做什么”和“不能做什么”。

（三）角色规范

角色规范是指角色扮演者在享受权利和履行义务的过程中必须遵循的行为规范或准则。角色规范包括不同的形式：从范围来说，可以分为一般规范和特殊规范；从具体要求来说，可以分为正向规范（即扮演者可以做、应当做和需要做的行为规范）和反向规范（扮演者不能做、不应当做的各项行为规范）；从表现形式来说，可以分为成文规范（法律、法规、制度、纪律等）和不成文规范（风俗习惯等）。

三、社会角色的特性

（一）客观性

社会角色的产生和存在是客观的，任何一种社会角色的产生都是一定社会文化、历史积淀的结果，是社会生产和生活发展的产物，脱离社会客观需要而由人们头脑中想象出来的“角色”，在现实社会生活中是不存在的。

（二）对应性

任何一种社会角色一般都是对应于另一种社会角色而存在的，没有相对应的角色作为前提，这种社会角色也就不存在。社会学把这些相互对应而存在的社会角色称为“角色伴侣”。

（三）单一性

单一性是指在现实社会生活中，不存在角色权利、角色义务和角色规范完全相同的两种不同的角色。同样的，在一个社会中，也不可能存在对同一社会角色会有不同的社会期望和行为规范。由于文化习惯不同，有些社会角色会有不同的语言表达方式，但所指的是同一个社会角色。

（四）扮演性

人们在社会生活和社会舞台上承担或扮演某个角色时，与演员在舞台上扮演角色相似，具有“化妆演出”的特点。

四、社会角色的分类

社会角色多种多样、千万变化，不同的人在不同时期扮演不同的角色，有的人在某一时期内可能同时扮演着许多角色。国内外许多社会学家、社会心理学家从不同的角度，根据不同的标准对社会角色进行了划分。

（1）根据社会角色存在形态的不同，将其划分为理想角色、领悟角色和实践角色。

① 理想角色：又称期望角色，是指社会或团体对处于特定地位角色所设定的理想的规范和公认的行为模式，或指一种“应该是什么样子”的社会观点，其实质就是角色行为的理想化模式。理想角色可以是明文规定的，许多规章制度都体现了理想角色的本质及其要求。理想角色也可以是不成文的、约定俗成的，体现在社会公德、社会习俗和社会传统等对人的各种要求和期待之中。理想角色属于社会观念的形态。

② 领悟角色：是指个体对其所扮演的社会角色的行为模式的理解，或指人们根据对理想角色的理解所形成的观念中的角色模式。理解角色是领悟角色的基础，但是，由于个体所处的环境、认识水平、价值观念、思想方法不同等因素，不同的人对同一个角色的规范、行为模式的理解是不完全相同的。领悟角色属于个体观念形态。

③ 实践角色：是指个体根据自己对角色的理解而在执行角色规范过程中所表现出来的实际行为，即个人在社会互动过程中实际扮演的角色。领悟角色是实践角色的前提和基础。实践角色属于客观现实形态。

（2）根据人们承担社会角色时的心理状态，将其划分为自觉的角色和不自觉的角色。

① 自觉的角色：是指人们在承担某种角色时，不仅明确意识到自己正担负着一

定的权利和义务，还意识到周围的人都是自己所扮演的角色的观众，因而努力用自己的行动去感染周围的观众。自觉的角色是每个人在社会生活中都经常体验到的。

② 不自觉的角色：是指人们在承担某一角色时，并没有意识到自己正在充当这一角色，而只是按习惯性行为去做。一般来说，当前述的、形成自觉角色的那些原因不存在时，人们就容易形成不自觉的角色。

（3）根据社会角色所占据的社会地位是否经过角色扮演者的努力，将其划分为先赋角色与自致角色。

① 先赋角色：又称归属角色，指个人与生俱来的，建立在血缘、遗传等先天或生理因素基础上的社会角色，或个人在成长过程中自然获得的角色。如一个人从一出生就被赋予了种族、民族、家庭出身、性别等角色。

② 自致角色：主要是通过个人的活动与努力而获得的社会角色，自致角色体现了个人的自主选择性。现代社会中的学校角色和职业角色，绝大多数都是自致角色。

（4）从社会角色规范化的程度上将其划分为规定性角色与开放性角色。

① 规定性角色：又称正式角色，是指有比较严格和明确规定的角色，即对此种角色的权利与义务、应当做什么、不应当做什么都有明确的规定。他们在正式场合下的言谈举止、责任、权利、义务以及办事的程序都有明确的规定，应该做什么和不应该做什么都必须按照规定办。规定性角色要求理想角色和实践角色是高度一致的。

② 开放性角色：又称非正式角色，是指那些没有严格、明确规定的社会角色。这类角色的承担者可以根据自己对角色的理解和社会对角色的期望而从事活动，这类角色的行为者有很大的行为自由，有利于适应不断变化发展的社会生活。

（5）根据社会角色表现的隐显状况，将其划分为活跃性角色与潜隐性角色。

美国人类文化学家林顿 1936 年在《人的研究》中最先使用这种划分方法。个体作为社会成员，每一具体时刻只能扮演一种角色，这种正在扮演着的角色便成为活跃性角色，而该个体扮演的其他角色此时则成为潜隐性角色，暂时不表现出来，不过，这种划分是相对的。

（6）从社会角色的追求目标上，将其划分为功利性角色与表现性角色。

① 功利性角色：指那些以追求效益和实际利益为目标的社会角色。这种角色行为的价值就在于实际利益的获得。功利性角色在社会上所起的作用主要是实现

效率目标。

② 表现性角色：是指该角色行为是不计报酬的，或虽有报酬但不是从获得报酬出发而采取的行为模式。表现性角色的角色行为的目的不是报酬的获得，而是个人表现的满足，都是强烈的“自我实现”的愿望所驱使的角色行为，是对个人地位的责任感和义务感的实现。

第二节　大众心理

一、从众心理综述

（一）从众的含义

对于从众的概念，不同心理学家的观点不尽相同。梅尔斯（Myers）认为，从众是个体在真实或想象的群体压力下改变行为与信念的倾向。

弗兰兹（S. Franzoi）则把从众定义为对知觉到的群体压力的一种屈服倾向。从众行为是指个体在群体压力下改变个人意见而与多数人取得一致认识的行为倾向，是社会生活中普遍存在的一种社会心理和行为现象，通俗地解释就是“人云亦云”或“随大流”。社会心理学已经证实，人们具有从众心理，当决策者行动时，常常考虑他人的判断和行为，即使知道其他人是一种从众行为，完全理性的人也会参与其中并采取类似的行为。如果脱离了大多数，会让人产生不安感，尤其是对自己缺乏自信的时候，这种心理效应会更加显著。

我们可以从以下几个方面来理解从众的含义：

（1）从众指个人的观念与行为由于群体的引导或压力，向与多数人相一致的方向变化的现象。

（2）个人因受群体的压力，改变初衷而采取与多数人一致的意见和行为。与盲从不同，从众者不一定认为别人的意见或行为正确。它的产生有对事物本身认识模糊、群体人数多、内聚力强、个体在群体中的地位与能力低等情境方面的原因，也有智力低、情绪不稳定、缺乏自信、害怕权威等个性方面的原因。

（3）从众是一种合乎群众的利群行为，它主要是一种少数服从多数的行为模式。在生活中，从众是很常见的。

（4）从众是在众多人的认同下，自己也给出的认同心理过程。

（二）从众的类型

从众行为的具体类型非常复杂，对从众行为也要具体分析，根据外显行为是否从众及行为与内在的自我判断是否一致，一般有以下几种表现形式。

1．真从众

这种从众是指表面服从，内心也接受，所谓口服心服，即不仅在外显行为上与群体保持一致，内心也认同群体。真从众对一个群体的关系处理有积极作用，在真从众的情况下，群体成员保持着与群体真实的一致性和对群体的真实认同，群体成员在心理上也不存在冲突。这是一种群体与成员之间的理想关系。

2．权宜从众

这种从众是指口服心不服，出于无奈只得表面服从，违心从众。在某些情况下，个人虽然在行为上保持了与群体的一致，但内心却并不认同群体的看法，仍坚持自己的意见，只是迫于群体的压力，才暂时屈从于群体的选择，这种从众就是权宜从众。由于外显行为同内心观点不一致，权宜从众常使个体处于认知失调状态。如果群体压力始终存在，而个体又无法脱离群体，必须从众时，个体就倾向于改变个人自身的态度，与群体取得意见上的一致，这时权宜从众可能会转变为真从众，或者个体会找出新的理由，将自己的行为合理化，减少观点与行为之间的差距，达到一种新的平衡状态，使认识系统重新协调。

3．不从众

不从众是从众的对立面，是指个体在群体中不被群体意见所左右，而保持自我原有选择的一种行为。不从众的情况有两种：一种是表里不一致的假不从众，内心其实是一种接纳状态。这种从众行为往往在比较特定的条件下发生，通常表现为内心倾向虽与群体一致，但由于某种特殊需要，行动上不能表现出与群体的一致。另一种是表里一致的真不从众，是内心观点和行动都表现得与群体不一致。通常情况下，只有在群体对个人缺乏吸引力的时候，或个人在行动中不需要考虑与群体的一致性时才出现。

（三）从众产生的原因

在一定的群体中，有的人容易从众，有的人不容易从众。同一个人也许在一个情境中从众，而在另一个情境中坚持己见。那么，是什么因素影响了从众行为呢？我们又应该怎样对这种普遍的行为进行解释呢？

从众行为的产生源于个体的某些心理需求。C. A. 基斯勒（1969）提出从众行为产生的 4 种需求或愿望：

（1）与大家保持一致以实现团体目标；

（2）为取得团体中其他成员的好感；

（3）维持良好人际关系的现状；

（4）不愿意感受到与众不同的压力。

多伊奇和杰拉德（M. Deutsch & H. Gerard，1955）对从众原因进行了说明，认为从众行为的产生有两个原因：一个是信息化的社会影响；另一个是规范性的社会影响。而社会心理学家比较一致的意见是从众行为的基本动因有 3 种：一是渴望获得正确的信息；二是为了被喜欢和接受；三是为了减缓群体压力。

从众的具体原因有以下几个方面。

1．当情境模糊不清时

这是最关键的变量，决定着人们在多大程度上会以别人作为信息来源。当人们不确定什么是正确的反应、适应的行为、正确的观点时，将最容易受到他人的影响。越是不确定，就会越依赖他人。

2．当情况处于危急时刻

危急是另一个促使人们以别人作为信息来源的因素，而且常常与模糊情境同时发生。在危急时刻，人们通常没有时间可以停下来思考应该采取什么行动，但又需要立即行动，因此就很自然地去观察别人的反应，然后照着去做。

3. 当别人是权威人士时

一般地，一个人在他人眼里越有权威，则在模糊情境下别人越可能跟从他。例如，一名乘客看到飞机的引擎正在冒烟，他可能会去观察飞机乘务员的反应，而不是他身边乘客的反应。

4. 个人在群体中的地位

个人地位的高低可在群体结构中得到反映。个体在群体中的地位越高，越有权威性，就越不容易屈服于群体的压力。一般来说，地位高的成员经验丰富、能力较强、信息较多，他们的看法和意见能对群体产生较大的影响，并使地位低的成员屈从，而地位低的成员很难影响到他们。因此，一般来说，群体中那些地位越高的人，越不容易屈服于群体的压力，反之，个体的地位越低，就越容易发生从众行为。

5. 群体凝聚力

群体凝聚力是指群体对其成员的总吸引力水平。一般地，群体的凝聚力越强，个体对群体的依附性和依赖心理越强烈，个体越有可能为了群体的利益而放弃个人的意见，与群体的意见保持一致。霍格（Hogg，1992）、洛特（Lott，1961）等指出，在一般情况下，群体凝聚力越大，从众的压力越强，人们的从众行为越可能发生。多伊奇等（M. Deutsch et al. ，1955）做过一个阿希式的实验。不过在他的实验中，改变了小组之间的关系，让几个小组进行竞争比赛，看哪个小组出现的错误更少，并对优胜的一组进行奖励，其成员可获得两张戏票，以此来增加临时性实验小组的凝聚力及其与个人关联的密切程度。结果表明，在竞争情境中，群体成员会努力、有意识、自愿地尽量达成一致意见，更容易从众。

6. 群体规模

群体规模影响从众行为，但并不是群体规模越大，群体带来的压力越大，研究表明，群体规模一般在 3~4 人时对群体成员的从众行为影响最大。在一定范围内，人们的从众性随群体规模增大而增大。一般来说，群体规模越大，引起的从众率也就越高。按照社会影响理论，影响源群体增大，影响力也会相应增大，从而诱发更多的从众。但群体成员的人数是有限度的。在阿希的系列实验中，他通过改变小组成员的数量（在 1~15 人之间变化），发现随着人数的增加，从众也更易发生。但这个人数有一个极限，即不超过 3~4 人，如果超过这个范围，人数增加并不必然导致从众行为的增加。杰拉德（H. B. Gerard，1968）进行的阿希式研究结果虽有所不同，但也反映了同样的趋势。

二、服从心理综述

（一）服从心理的概述

服从是指由于受到外界的压力而使个体发生符合外界要求的行为。外界压力来自两方面：一是他人；二是规范。服从和从众虽然都是迫于外界压力而产生的相符行为，但二者有本质上的区别。

（1）压力的来源不同：服从的压力源于外界的规范或权威的命令，从众的压力源于个体的内心。

（2）发生的方式不同：服从是被迫发生的，带有强制性；从众是自发形成的。

（3）造成的后果不同：不服从会使人受到惩罚，同时也会引起社会或组织运转的失调，无法维持正常的秩序；不从众只会引起个体内心的不安和失衡。

（二）服从的意义

1. 满足个人的利益

由于服从带有强制性，所以不服从会使个体受到惩罚，并使个人利益受到损失。服从一般会得到社会、团体、家庭等各方面的赞许和奖励，使个人利益得到满足。

2. 协调人际关系

良好的人际关系必然需要一定的服从，如果谁都不服从必然使关系紧张。就服从他人来说，一个人对他人的服从，往往意味着对他人的肯定和尊重。就服从规范来说，一个人对规范的服从，往往能维护他人的利益，从而获得他人的接纳和肯定。违反规范会使他人受损，从而会被他人视为越轨者，产生抵抗和排斥心理。所以，必要的服从是协调人际关系的前提。

3．实现集体目标

对领导和既定规范的服从，可以使集体在统一指挥下成为一个有机整体，大家齐心协力，为实现集体目标而共同努力。

（三）影响服从的因素

1．命令者的权威性

命令者的权威性越大，越容易导致服从现象。构成权威性的因素有职位较高、权力较大、知识丰富、年龄较大、能力突出、财富较多等。另外，命令者手中如果掌握奖励或惩罚服从者的权力，也会使服从行为大大增加。

2．服从者的道德水平

在涉及政治、道德等问题的时候，人们是否服从权威，并不单独取决于服从心理，而与他的世界观、价值观等密切相关。米尔格拉姆采用科尔伯格的道德判断问卷测验被试，发现道德判断发展水平处于五六阶段上的人在实验中有 75% 的拒绝服从，处于三四阶段上的人在实验中有 12.5% 的拒绝服从。也就是说，道德水平越高，服从权威的可能性越小。

3．服从者的人格特征

米尔格拉姆对参加实验的被试进行人格测验时发现，具有明显权威主义人格的人具有较大的服从性。具有这种权威主义人格的人，往往十分重视社会规范和社会价值，主张对违反社会规范的行为进行严厉的惩罚；他们往往追求权力和使用强硬的手段，毫不怀疑地接受权威的命令，表现出个人迷信和盲目崇拜。

4．情境压力

人们可以从两个方面探讨情境压力对服从的影响。

（1）权威者的靠近程度。权威者越靠近，来自外界的压力就越大，服从率就越高；反之，则降低。

（2）受害者的靠近程度。一个人给他人造成的伤害越直接，他感到的内心压力就越大，服从率就越低；距离越远，就越容易服从。

三、顺从心理综述

（一）顺从的概念

顺从也叫依从，是指人们接受他人请求而行动，使别人的请求得到满足的行为。依从也是人与人之间相互影响的基本方式之一，其主动性更高。在现实生活中，人们经常向他人提出种种要求，希望他人顺从自己的观点和行为，自己也经常顺从他人的意愿。

顺从与从众、服从的区别：顺从和从众都是个体受到某种影响而产生的行为变化，其发生机制都不存在对权威者的绝对服从。但顺从是由一个特定的影响对象对个体施加直接影响而产生的；从众没有特定的影响来源，是个体在一定的群体压力之下自发产生的一种跟从行为。服从的引发具有某种强制的特征，命令者与服从者之间存在规定性的社会角色联系，服从的理由是外在的。而顺从的理由是内在的，请求者与依从者之间并没有规定性社会角色关系的束缚，面对请求者的请求，依从者必须有一定的认同，才会顺应其要求去行为。

（二）顺从行为发生的心理规律

巴斯（Buss，1987）和顾德（Gody，1983）对引起顺从的环境与策略进行了探讨，指出增加他人顺从的技巧与人们对他人的了解程度、自己的社会地位、请求的性质等有关。要想使他人顺从我们的请求，创建良好的顺从环境非常重要，以下 3 个因素有助于建立使人们感到愉快的顺从气氛。

（1）积极的情绪。人们在情绪好的时候顺从的可能性更大，尤其是要求他人做出亲社会的助人行为时（Isen，1987）。心情之所以有这样的作用，有两个原因：一是心情好的人们更愿意也更可能参与各种各样的行为（Batson 1979）；二是好的心情会激发愉快的想法和记忆，而这些想法和记忆使人们喜欢提要求的人（Carlson，1988；Forgas，1987）。由于好的心情有助于增加顺从，所以人们经常会在向他人提要求之前先给他人一点好处，林顿和米切尔（1988）把这种自我表现的策略称为讨好，预先的讨好和奉承对增加顺从十分有效。

（2）强调顺从行为的互惠性。在社会规范中，互惠规范对顺从的影响也不小。互惠规范强调一个人必须对他人给予自己的恩惠予以回报（Gouldner，1960），如果他人给了我们一些好处，我们必须要相应地给他人一些好处。这种规范使双方在社会交换中保持公平性，但同时也变成了影响他人的一种手段。互惠规范被广泛地运用在人们的日常生活之中，尤其是在市场销售活动中。汽车销售人员在你购买了他们的产品之后，经常会给你送一些礼物；保险销售人员也是如此，当他们挨家挨户推销保险的时候，经常会给人们送台历之类的小礼品，他们这样做无非是为了增加人们的顺从愿望。

（3）合理原因的效果。人们对他人的顺从也需要合理的原因，当他人能给自己的请求一个合理解释的时候，人们顺从的可能性也越大。艾伦·兰格（Ellen Langer，1977）和她的同事对给理由对增加顺从的影响进行了研究。在研究中，她让助手去"加塞"复印一些文件，在有些情况下助手没有说出理由，只是简单地说："我可以先印这 5 页文件吗?"结果 60% 的排队的人顺从了助手的要求；而在另外一种情况下，助手给了一个简单的理由，他说："我时间紧张，可以先印这 5 页文件吗?"结果 94% 的排队的人顺从了助手的要求。仅仅给出一个简单的理由就可以增加他人的顺从，这是因为人们习惯于对他人的行为寻找原因，并且也相信他人不会提出不当的要求。

（三）促进顺从的技巧

社会心理学家对促进顺从进行了深入研究，提出了一些行之有效的策略。这些策略主要是从推销术发展演化而来，但其运用范围已经远远超出推销领域。

1. 登门槛技术

"登门槛效应"原意指推销员只要能把脚踏进别人家的大门，最后就能成功地让别人买他的东西，实现推销的目的。后来，社会心理学家通过研究，沿用"登门槛”的说法，用“登门槛效应”一词来泛指在提出一个较大要求之前，先提出一个小的要求，从而使别人对较大要求的接受性增加的现象。

最初验证“登门槛效应”存在的人是弗里德曼和他的助手。实验者让两位大学生访问郊区的一些家庭主妇。其中一位大学生首先请求一些家庭主妇将一个小标签贴在窗户上或在一个关于美化美国加利福尼亚州或安全行驶的请愿书上签名。这是一个小的无害的要求。两周后，另一位大学生再次访问这些家庭主妇，要求她们在今后两周时间内在院里竖一个呼吁安全驾驶的大招牌。该招牌很大很不美观，这是一个大的要求。结果，答应了第一个要求的人中有 55% 的人接受了该要求，而那些第一次没被访问的家庭主妇中只有 17% 的人接受了该要求。

这个实验说明人们都有保持自己形象一致性的愿望。一旦表现出助人、合作的言行，即使别人后来的要求有些过分，人们也愿意接受。

鉴于“登门槛效应”的普遍存在，社会心理学家将先提出较小的要求，然后再提出比较大的要求，诱发人们顺从的方法称为“登门槛技术”。严格的实验研究结果表明，“登门槛技术”是一种有效的态度改变或行为改变的方法。

2. 低球技术

“低球技术”与“登门槛技术”类似，同样是很有效的诱发态度改变的方法。“低球技术”的具体做法是：先提出一个小的要求，别人接受这个小的要求后马上提出一个别人要付出更大代价的要求。

这同样是从推销术中引申出来的社会心理技术。研究表明，运用“低球技术”比直接提出较大要求更容易被人们接受。一些西方二手车销售商卖车时往往把价格标得很低，等到顾客同意出价购买后，又以种种借口加价。有关研究证实，用这种方法可以使人最后接受较高的价格，而如果开始就标出这种价格，顾客却难以接受。

“登门槛技术”与“低球技术”两者虽同为两步渐进策略，但有明显区别：一是两步时间联系的区别，前者的两步操作中间有时间间隔，后者的两步操作是紧接在一起的，没有较长的时间间隔。二是两步要求的性质方面的区别。前者的两步要求之间没有直接的联系，而后者的两步要求则是直接相联系的。

“登门槛技术”与“低球技术”作用的原理在于：人们接受一个要求之后，增加了在某个特定问题上的投入，使人们增强了责任意识，从而增加了人们对更大要求的接受性。在两种技术的两步运作中，请求者与被请求者卷入了直接的交往中。因此，人际关系在其中所起的作用可能更大。由于人们需要在和自己发生交往的人面前维持一致的社会形象，因而一旦接受了一个要求，拒绝别人要求的困难也就明显增加了，从而使人接受更大要求的可能性增加。

3. 留面子效应

“留面子效应”是与“登门槛技术”和“低球技术”相对立的现象。它是指人们拒绝了一个很大的要求后，对较小的要求接受的可能性出现增加的现象。相应的，为了使人更好地接受一个较小的要求，提高人们接受较小要求的可能性的方法就称作“留面子技术”。

查尔迪尼等进行过“导致顺从的互让过程”的研究。研究者要求大学生花两年的时间担任一个少管所的义务辅导员。这是一项费神的工作，几乎所有的大学生都谢绝了。他们接着又提出了一个小的要求，让大学生带领少年们去动物园玩一次，结果 50% 的人接受了要求，而当实验者直接向大学生提出这一要求时，只有 16.7% 的人同意。那些拒绝了第一个大要求的大学生认为这样做损害了自己富有同情心、乐于助人的形象，为了恢复他们的利他形象，便欣然接受了第二个小的要求。很显然，由于人际相互作用，当人们拒绝了别人的一个要求后，会愿意做一点让步，给别人一个面子，使别人获得满足。

4. 过度理由效应与顺从诱导策略

过度理由效应是从社会心理学家费斯汀格的认知不协调理论衍生出来的理论，指附加的外在理由取代人们行为原有的内在理由而成为行为支持力量，从而使行为由内部控制转向外部控制的现象。

根据认知不协调理论，如果人们的一种行为本来有充分的内在理由，如兴趣支持等，则人们对于行为与其理由的认知是协调的。但此时如果以具有更大吸引力的刺激，如金钱等，给人们的行为额外增加另外“过度”的理由，那么，人们对自己行为的解释会转向这些更有吸引力的外在理由，而减少或放弃原有的内在理由。此时，人们的行为就从原有的内部控制转向了外部控制，如果外部理由不存在了，如不再提供金钱的奖励，则人们的行为就失去了理由，从而倾向于终止这种行为。这就是“过度理由效应”。

“过度理由效应”的发现，使人们找到了另一种分步诱导人们顺从的迂回式方法。过度理由效应告诉人们，由于人们维持认识平衡的自然心理需求，一种行为的外在理由增多，相应的内在理由就会越少。无论对学习成功的奖励，还是道德行为强加的外在约束力量，都会使人倾向于用外在理由解释自己的行为，促使人们养成他律的人格。

第三节　群体心理

一、群体心理概述

（一）群体

群体是指那些成员间相互依赖、彼此间存在互动的集合体。在大部分群体中，成员之间存在面对面的直接接触，彼此相互影响。群体不是个体的简单集合，而是两人或两人以上为了达到共同的特定目标，彼此相互依赖和相互作用的一个整体。群体的显著标志是群体内的成员应具有共同的信念和群体意识。社会群体是一种极为普遍的社会现象，涉及人类生活的各个方面，有政治群体、工作群体、娱乐群体、密友群体等。

群体具有以下特征：

（1）群体首先是一群人，家庭、小组、公司、国家、民族都可以是群体；

（2）群体存在一个结构，如角色分工；

（3）有一定的目标；

（4）群体成员要明确意识到自己是属于某个群体的，以及群体的界限；

（5）要有共同的价值和规范。

社会心理学家霍曼斯通过对群体的剖析发现，任何一个群体都存在着相互联系的要素：活动、相互作用与感情、群体规范。

一切密切结合在一起的家庭是一个群体，有时由于特殊原因短暂结合在一起的几个陌生人也可以形成一个群体，如几个素不相识的人在路途中遇到暴风雪的危险，此时他们会互相帮助，一同抵抗危险，本来素不相识的人组成暂时性的群体，有的人出主意，有的人向外呼喊求救。这些本无任何关联的人，为了共同目的，彼此互动起来。他们平安脱险后，互动即告结束，在一个十分短暂的时间内，几位陌生人形成了一个临时群体。群体可以有不同的持续时间，可以像家庭那样数代延续下去，也可以在数天或数小时内解体。

群体和个体的关系是互相促进、互相增强的。组织是一种社会内部关系的结构或体系，是权力的表示和社会秩序的基础，群体和个体是社会组织不同层次的组成部分。

（二）群体心理

作为社会的人，彼此之间必然要发生一定的关系，进行社会交往，从而产生交往心理。交往心理既存在于个人与他人之间，也存在于群体之间，群体心理包括 3 大类型，即交往心理、小群体心理和大众心理。群体心理是心理学中的一个重要分支学科，即社会心理学的研究对象，其他心理学分支学科（如管理心理学）也研究群体心理。

群体心理是群体成员之间互相作用、互相影响下形成的心理活动。所有复杂的管理活动都涉及群体，没有群体成员的协同努力，组织的目标就难以实现。群体心理的显著特征是共有性、界限性和动态性。在现实生活中，人们往往发现一个人单独的行为与群体中表现的行为是一样的。这是因为群体心理存在的结果。群体心理不等于个人心理，也不是个人心理的简单相加，而是每个成员个人心理特征的综合和概括，是成员间不断相互作用的结果。

群体心理具有以下 4 个特征：

1. 认同意识

不管是正式群体的成员，还是非正式群体的成员，他们都认同群体的共同心理特征，即不否认自己是该群体的成员。他们对自己群体的目标有一致的认识，认同群体的规范，在此基础上产生自觉、自愿的行动，并且对重大事件和原则问题保持共同的认识和评价。当然，每个群体内部的认同程度是不一样的，一般来说，大群体内部的认同程度要相对低一些，而小群体内部的认同程度相对要高一些。

2．归属意识

不管是正式群体的成员，还是非正式群体的成员，他们都有归属于群体的共同心理特征，也即具有依赖群体的要求。但是，归属意识存在有个人自愿感和被迫感的问题。非正式群体成员的归属意识是自愿的归属意识，而正式群体成员的归属意识则不确定，可能是自愿的，也可能是被迫的。个人的优势在正式群体中得不到充分的发挥，就可能对归属于该群体产生被迫感，这是一种和被迫感并存的归属意识。在这种情况下，该成员首先考虑的不是我应该为群体做些什么，而是考虑我归属于这个群体了，群体应该为我负责。所以，同样是归属意识，自愿的归属增强凝聚，而被迫的归属增强离散。

3．整体意识

由于认同群体，归属于群体，不管是正式群体的成员，还是非正式群体的成员，都有或深、或浅、或强、或弱的整体意识，即意识到群体的整体性。这种整体意识程度不同，行为表现也不同。一般来说，整体意识越强，维护群体的意识也就越强，行为具有和群体其他成员的一致性；反之，整体意识越弱，维护群体的意识也越弱，行为具有或强或弱的独立性。但是也有相反的情况。正因为整体意识强，所以在发现群体其他成员的行为有害于整体时采取反对态度，和其他群体成员的行为不一致；正因为整体意识弱，所以采取不负责任的态度，和群体其他成员的行为保持一致。所以，整体意识和行为一致是两个互相联系的问题，但不是同一个问题，不能简单地把行为独立性强的人等同于没有整体意识或整体意识不强。

4．排外意识

所谓排外意识，是指排斥其他群体的意识。群体具有相对独立性，群体成员具有整体意识，这就必然在不同程度上产生排外意识。排外意识是和群体成员把自己看作哪一个群体的成员，或者说更倾向于把自己看作哪一个群体的成员相联系的。越把自己看作小群体的成员，排外意识就越强烈。因此，“外人”也就更难进入小群体。这反过来也说明人们往往更重视小群体的利益。

二、群体的分类

由于研究角度不同，群体的分类也不同，目前较有影响的分类有以下几种。

（一）统计群体与实际群体

根据群体是否存在，可以将群体划分为统计群体和实际群体。统计群体是指实际上不存在的群体，为了统计方便把具有某种特征的人在想象中组合起来，也叫假设群体，如青少年组和老年组等。实际群体是实际存在的，有明显的界线和实际交往，如学校的班级、工作单位的部门等。

（二）正式群体与非正式群体

根据群体的构成原则和方式，可以将群体划分为正式群体和非正式群体。正式群体是指有规定的正式结构，其成员有固定编制，并占据所规定的地位，扮演安排好了的角色的群体，即具有固定的加入程序，并分配在群体中的角色、权利和义务，如政府、机关、学校、班级等。

非正式群体是指自发形成的，成员间的关系没有明确规定，并且带有明显的情感色彩，即以个人的喜爱、好感为基础而建立起来的群体。非正式群体是不经官方规定，既没有正式结构，也不由组织确定的联盟。

非正式群体形成的原因主要有：

（1）某种利益、观点、信仰、理想的一致性；

（2）有共同的兴趣、爱好、习惯和个性；

（3）有相同的经历和背景。

非正式群体有很多特点：规模小，并且一般不带有政治色彩；群体以某种共同利益、观点和爱好为基础，以感情为纽带；群体内部压力大，成员的从众行为明显；群体内推选最有威信的人当首领；群体内有一套见效快和不成文的惩罚制度和手段，并且有较强的自卫性和排外性；群体的成员之间有一个比较灵敏的信息传递渠道。

（三）大群体和小群体

群体规模即群体内成员的数目，它与群体凝聚力有密切联系，能直接影响到成员的感情和行为。因此，可以将群体划分为大群体与小群体，并从以下 3 个方面进一步区分。

（1）2 人群体与 3 人群体。最先揭示群体规模问题的是社会学家斯麦尔，他比较了 2 人群体和 3 人群体。在 2 人群体中，任何一人的退出都可能导致群体的解体，这一事实迫使 2 人群体成员的不断参与和相互依存。2 人群体成员间因此而产生了特殊的亲密感、责任感和压力感。俗话说的“一根绳上的两只蚂蚱”，说的就是这种情况。在 3 人群体中，即使一个成员退出，群体仍然存在，但彼此间的亲密感和责任感都没有那么强烈；同时，成员间的关系不再像 2 人群体那样面对面和公开化，有了一定的匿名性和隐私性，“三个和尚没水喝”就是 3 人彼此推卸责任的结果。2 人群体的另一个特点是任何人都无法扮演中间人的角色，不存在多数派、少数派问题；而 3 人群体不仅可以居间调停，还会出现少数服从多数的局面。

（2）小群体。它是指人数较少、成员间有直接接触和互动的群体。成员间关系比较密切、交往比较频繁，心理感受也比较明显，如家庭、公司等。社会心理学的研究主要集中在 3 ~ 20 个人的小群体之中，如家庭、陪审团等研究领域。

（3）大群体。它是指人数众多、成员间只是以间接方式联系在一起，没有直接的社会交往和互动的群体。大群体有两种：一种是在社会历史过程中形成的，如阶级和民族；另一种是为某个临时目的而暂时联合起来的群体，如观众和听众。

（四）成员群体与参照群体

群体也可分为成员群体与参照群体。成员群体是指个体为其正式成员的群体，个体以本群体的规范作为自己活动的准则，各成员之间在行为上彼此互相影响。参照群体是指被某一群体成员用来作为某种参照对象并试图效仿的群体，它不是人们所属的群体，而是个体心目中想要加入或理想中的群体，它的价值观和规范体系常常是参照这个人的目标或标准。

三、群体对个体的影响

（一）社会促进作用

一些心理学的实验表明，他人在场能够缩短人们完成任务的时间或提高准确性，可以将这种现象称为社会促进作用，也叫社会助长。最早以科学方法揭示社会促进现象的是美国心理学家特里普利特（N. Triplett），他发现自行车选手在有伙伴的情况下，比单独一个人时骑车速度提高了 30%。为了检验这一结果，他又设计了一系列实验室实验。例如，他安排 40 个儿童在指定时间内尽快地转动钓鱼竿卷线轮绕线，既安排儿童单独绕线，又安排他们两两结伴绕线，结果证实儿童结伴绕线时的速度更快。这种结伴活动提高效率的现象被称为“结伴效应”。研究者还指出“结伴效应”不仅作用于人身上，他们在老鼠、蟑螂、鹦鹉等动物身上也都发现了这种效应。陈（Chen，1937）发现，当蚂蚁在一起时，每只蚂蚁的平均挖土量是单独挖土时的 3 倍。

在日常生活中，人们还经常看到这样的现象：运动员比赛时，如果有很多观众为他们加油鼓劲，他们往往能顺利甚至超水平发挥，所以在比赛中东道主更容易获胜，这就是体育场上的“主场效应”。一些演讲者的演讲也是如此，听众越多，他们讲得越起劲，思路越开阔，而且越发地兴致勃勃，神采飞扬，这种现象是“观众效应”作用的结果。“观众效应”是指有人在场观看某人从事某一项活动，会对此人产生一种刺激作用，从而提高其活动效率。

社会心理学家扎伊翁茨对此的解释是：他人在场会增加个体的驱动力或动机，但是否可以提高绩效取决于任务的性质。社会促进作用可以提高简单任务的作业成绩，并且会降低困难任务的作业成绩。在完成有挑战性的任务时，一群支持性观众的在场可能会引发个体表现得比平常更差。

（二）社会惰化

社会惰化又称为社会懈怠或社会逍遥，是指群体一起完成一件事情时，个人所付出的努力比单独完成时偏少的现象。林格曼（Ringelman）最早发现了社会惰化现象，他发现人们一起拉绳子时的平均拉力比单独拉时的平均拉力要小。随着人数增加，每个人付出的个人努力程度会逐步下降。在研究中，他让被试用力拉绳子并测拉力，实验包括3种情境：单独、3人组和8人组。结果表明，单独拉时，人均拉力为63千克；3人一起拉时，人均拉力为53.5千克；8人一起拉时，人均拉力只有31千克。拉塔内（B. Latane，1979）等同样用实验证明了社会惰化现象的存在。在一项研究中，他让大学生以欢呼或鼓掌的方式尽可能地制造噪声，每个人分别在单独、2人、4人和6人一组的情况下做。结果表明，每个人所制造的噪声随团体人数的增加而下降（图5–1）。其他研究显示，在智力任务中也会出现社会惰化现象。

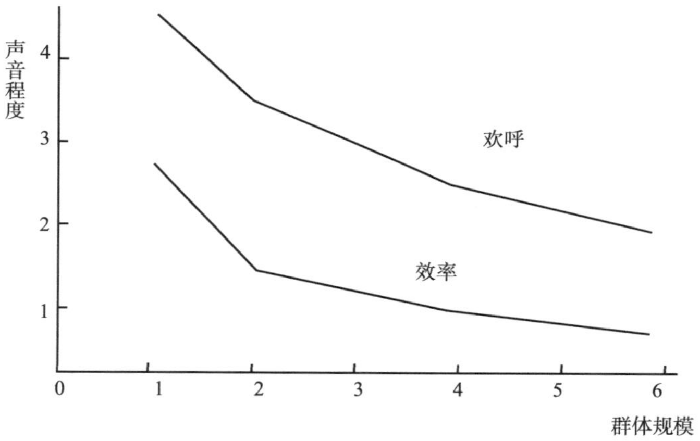

图5–1　社会惰化

有关的元分析为社会惰化现象提供了进一步的证据。杰克森和威廉姆斯（J. M. Jackson & K. D. Williams，1988）总结了49个有关社会惰化现象的研究（包含4 000多个被试），结果表明，共同完成任务时的群体规模越大，个人的努力程度越低。当群体规模达到8人时，个人的努力程度仅为单独工作时的80%。在一定范围内，群体规模增大，个人努力还在继续下降。群体情境降低了个体的评价顾忌。如果人们不用单独为某件事负责或者不会被单独进行评价时，群体内成员的责任感会被分散，即个人与他人共同工作时，可能有责任感降低、将工作推给别人去做的倾向，这种现象在社会心理学中被称为“责任分散”。如果不考虑个人贡献，而是在群体内一味地采用平均分配，那么群体内“搭便车”的行为就会出现。

之所以产生社会惰化这种现象，一些社会心理学家的解释是：人们可能觉得群体中的别人没有尽力工作，为求公平，于是自己也就减少努力；人们也可能认为个人的努力对群体微不足道，或是群体成绩很少一部分能归于个人，个人的努力难以衡量，与群体绩效之间没有明确的关系，故而降低个人努力，或不能全力以赴地努力。当然，也有人认为应细分发生这种现象的社会环境。无论在每个人身上出现这种现象的具体原因是什么，在群体中确实存在社会惰化现象。为了降低社会惰化现象发生的严重程度，国外研究者提出许多增加个体的参与感与责任感的方法。同时，也有一些社会心理学家认为，当工作较困难或具有挑战性，并且个体相信自己对团体有特殊贡献时，社会惰化现象会有所降低。

（三）去个体化

群体对个人行为影响的另一个例证是去个性化，它是指个体在一个群体中与大家一起从事某种活动时，对群体的认同淹没了个人的身份，使个体失去通常的个性感。去个性化常常使人们摆脱正常的社会规范的约束，从而表现出极端的行为。

法国社会学家勒庞（Le Bon，1986）最早对此现象进行研究，他发现激动的群体倾向于有相同的感受和行为，因为个体的情绪可以传染给群体。在这种情况下，即使一个成员做了一件大部分人反对的事情，其他人也会倾向于效仿他。勒庞把这种现象称为“社会感染”。社会心理学家费斯汀格、津巴多用更现代的词将这种现象称为去个性化。费斯汀格等于 1952 年对此进行研究。他们以 23 组男大学生为被试，让他们以组为单位进行讨论，讨论内容是让每个人说说是憎恨自己的父亲，还是憎恨自己的母亲。这是一个敏感的问题，平常大家都很少谈它。一部分小组的讨论在明亮的教室里进行，每个成员都具有高辨认性；另一部分小组的讨论在昏暗的教室里进行，每个成员还穿上布袋装，只露出鼻孔和眼睛，具有低辨认性。研究人员预期具有低辨认性的被试，即去个性化的被试将会更猛烈地抨击自己的父母。实验结果证实了这种预测。研究人员还发现，去个性化的群体对成员具有更大的吸引力。

去个性化的原因主要有以下几个方面：

（1）匿名性。它是引起去个性化现象的关键，群体成员身份越隐匿，他们就越会觉得不需要对自我认同与行为负责。

（2）责任分散。津巴多认为一个人单独活动，往往会考虑这种活动是否合乎道义，是否会遭到谴责，而个人和群体其他成员共同活动时，责任会分散在每个人的头上，个体不必承担这一活动所招致的谴责，因此会更加为所欲为。

（3）自我意识下降也是去个性化现象产生的一个原因。迪那内认为，引起去个性化行为的最主要的认知因素是缺乏自我意识，人们的行为通常受道德意识、价值系统以及所习得的社会规范的控制，但在某些情境中，个体的自我意识会失去这些控制功能。例如，在群体中，个体认为自己的行为是群体的一部分，这使人们觉得没有必要对自己的行为负责，也不顾及行为的严重后果，从而做出不道德与反社会的行为。大多数去个性化现象都是因为人们自我意识的能动作用丧失而引起的。

四、群体心理效应

（一）群体归属心理

这是个体自觉地归属于所参加群体的一种情感。有了这种情感，个体就会以该群体为准则，进行自己的活动、认知和评价，自觉地维护该群体的利益，并与群体内的其他成员在情感上发生共鸣，表现出相同的情感、一致的行为以及所属群体的特点和准则。例如，一名大学生在社会上表明自己的身份时，总是说我是某个学校的，到了学校，则强调是某个系的，到了系里，又表明是某个班的。这种表现校、系、班身份的意识，就是归属感的一种具体表现。由于群体凝聚力的高低不同，群体的归属感表现的程度也不同。群体凝聚力越高，取得的成绩越大，其成员的归属感也就越强烈，并以自己是这个群体的成员而自豪。所以，先进群体成员的归属感比落后群体成员的归属感要强烈。

（二）群体认同感

群体认同感是指群体中的成员在认知和评价上保持一致的情感。由于群体中的各个成员有共同的兴趣、目的和利益，同属于一个群体，于是在对群体外部的一些重大事件和原则上都自觉地保持一致的看法和情感，使群体成员的意见统一起来。

一般来讲，群体中会发生两种情况的认同：一是由于群体内人际关系密切，群体对个人的吸引力大，在群体中能实现个人的价值，使各种需要得到满足，于是成员会主动与群体发生认同，这种认同是自觉的。另一种认同是被动性的，是在群体压力下，为避免被群体抛弃或受到冷遇而产生的从众行为。后一种认同是模仿他人，受到他人的暗示影响而产生的，尤其是在外界情况不明、是非标准模糊不清和缺乏必要的信息时，个人与群体的认同会更加容易。

（三）群体促进心理

在现实生活中，人们常常可以看到个人单独不敢表现的行为，在群体中则敢于表现，一个人单独很少做的事情，在群体中却做了。这就是说，个人在群体中变得胆大起来。这是由于归属感和认同感使个体把群体看作强大的后盾，在群体中无形地得到了一种支持力量，从而鼓舞了个人的信心和勇气，唤醒了个人的内在潜力，做出了独处时不敢做的事情。当群体成员表现出与群体规范的一致行为，做出符合群体期待的事情时，就会受到群体的赞扬，从而使个体感到其行为受到群体的支持。这种赞扬和支持主要体现在个人的心理感受上，一个动作、一个眼神、一种表情，甚至仅仅是同伴在场，都可以成为促进作用而被个体体会到，从而强化其行为。

然而，群体的这种促进作用并不是等同地发生在每个成员的身上，有的受到的支持力量较大，有的较小，还有的则感受不到支持，甚至还会产生干扰作用。因此，一个群体能否对其成员产生促进作用，受到成员个人因素的制约。

五、群体凝聚力

群体凝聚力是指群体团结一致的力量，是在群体规范的基础上，使全体成员产生共鸣、价值定向相同或行为保持一致的内在聚合力量。

群体凝聚力往往包括以下两个方面：

（1）群体对成员的吸引力，是成员留在群体内的力量的总和；

（2）群体成员彼此之间的吸引力，是成员结合起来的心理合力，这种心理合力是在围绕群体目标达成的活动和人际关系中表现的，它的表现形式为态度和行为。

群体凝聚力的规定要素及条件可以从以下 3 个方面来看：

（1）从群体方面来看，主要给成员提供需要的满足和分配公平，以及良好的气氛、群体的知名度。能够满足多种需要，提供比较充裕的物质和精神生活保障，在满足需要的手段和方式上提供一个平等、公平的环境氛围和构造一整套良好的激励机制。

（2）从成员方面来看，如果群体成员的目标与群体的目标一致，群体的凝聚力就高。

（3）从群体活动和领导者来看，若群体活动对成员有吸引力，群体凝聚力就高。民主型的领导能提高群体凝聚力。参与可以让工作给人们带来更多的快乐，使对工作的满意度提高。

群体凝聚力在群体活动中有很重要的作用。群体凝聚力对成员的稳定性有影响，凝聚力越大，对成员的吸引力越大，成员也越不愿离开该群体，群体也就越稳定；凝聚力大的群体对成员的影响力也越大，更易导致从众行为；凝聚力也影响人们的自尊，高凝聚力的群体成员有更高的自尊心，因为群体可以给成员提供安全感，这种安全感可以导致自尊心的提高；凝聚力影响群体的产出，群体凝聚力越高，其成员就越遵循群体的规范和目标。

对于凝聚力的测量，到目前为止对这个问题的认识主要有 3 种方法：

（1）让群体成员在一个七点量表上评价他们对群体的喜欢程度来衡量群体的凝聚力（非常喜欢、喜欢、较喜欢、无所谓、不太喜欢、不喜欢、很讨厌）。

（2）要求群体成员评价每一个其他成员，并用所有评价的平均数作为凝聚力的指标。这种方法和第一种方法有一定的相关，但有时候却未必。如在一个团体中，团体目标对成员来说极为重要，但同时团体里有自己极为讨厌的人（主要测的是群体里的人际关系）。

（3）莫雷诺的社会测量法也可以测量群体的凝聚力强度（这是一种较好的方

法）。首先让某一群体的成员指出愿意一起完成某项任务的其他人的姓名，这些人中有些人是该群体的成员，而有些人不是。凝聚力指标是指选择的其他人中群体成员所占的比例，如果一个群体中大部分的成员选择了外人，该群体的凝聚力就低。

六、群体决策

群体决策是为充分发挥集体智慧，由多人共同参与决策分析，并制定决策的整体过程。其中，参与决策的人组成了决策群体。当群体面临问题时，大家一起想办法、出主意，寻找解决问题的方法，这就是群体决策过程。

（一）群体决策的规则

一般来说，群体决策的规则有以下几个：

（1）一致性规则：在决策最终完成之前，所有的群体成员必须同意此选择。

（2）优势取胜规则：某个方案被 50% 以上的群体成员认可时选择该方案。

（3）多数取胜规则：在没有一种意见占优势时选择支持人数较多的方案。

在使用这些决策规则时，它可能是正式而明确的，也可能是非正式而模糊的。

（二）群体决策的作用

群体决策是群体中的每个成员开动脑筋、积极思考、共同讨论的过程，在很多情况下，群体决策比个人决策更有效，但在群体决策过程中也会受到个人决策的影响。

（1）群体决策可以减少偏见。群体成员通过讨论，充分发表不同意见，使大家对问题有比较全面的认识和理解，减少了片面性。

（2）群体决策可以满足成员的自尊心，并且增强其责任感，提高决策效率。

由于拥有发言权和决策权，群体成员的自尊心需要在决策过程中得到满足，同时也增强了执行群体决策的责任感，提高了决策效率。

（3）群体决策可以加强成员之间的信息沟通，改善人际关系，增进了解和信任，有助于群体目标的完成。

（三）群体极化

群体极化是群体决策中比较普遍的现象。群体极化是指通过群体讨论，使群体成员的决策倾向更趋极端的现象。当个体最初的意见倾向于保守时，通过群体讨论的结果将更加保守，而当个体最初的意见倾向于冒险时，群体讨论将使成员更加冒险。与解决一般问题相比，人们在解决重要问题时更容易产生群体极化现象。

对于群体极化产生的原因，心理学家通过一些理论来解释。

按照社会比较理论的观点，在群体讨论过程中，成员比较关心自己在某些问题上的观点与群体其他成员相比到底如何，人们在决策开始时往往认为自己的观点在社会要求的方向上比别人的更好。但在决策的过程中，通过与他人观点的社会比较，却发现自己的观点并不像当初想象的那样与社会要求相一致。因为人们希望他人能对自己做积极的评价（社会规范性的影响），所以会采取更极端的方式以与他人或社会要求相一致，最终造成群体决策趋于极端。

按照说服性争辩的观点，人们在群体中的极化现象并非希望自己或他人对自己有一个积极的评价，而是人们期望获得有关问题的正确答案。在这里，论点对决策选择更重要（信息性影响），因为人们从他人那里获得论点和信息，如果多数人支持这些论点，个体也会倾向于支持它。

（四）群体决策的方法

下面介绍几种群体决策的方法。

1. 头脑风暴法

这种方法是由一位名叫奥斯本的广告经理设计而成的，是一种可以产生新奇思想并富有创造性的问题解决技巧的方法。这一方法适用于以多学科知识解决复杂问题。

这种方法常给群体一个特定的题目，要求群体成员在较短的时间内想出尽量多的解决方案。这一方法的原则性要求如下：

（1）禁止在提意见阶段批评别人，反对意见必须放在最后提出；

（2）鼓励自由想象，想法越多越好，不要限制他人的想象；

（3）鼓励多量化，想法越多的人越可能最终获胜；

（4）寻求整合与改进，一方面要增加或改进自己与他人的意见；另一方面还要把自己与他人的观点结合在一起，提出更好的决策选择。

2. 德尔菲法

德尔菲法又叫专家评估法，是一种背对背的决策技术，由专家提供反馈，这种方法可以避免人际冲突，但是比较费时。它包括以下几个步骤：

（1）要求群体成员对某个问题提出尽可能多的解决方案；

（2）专家对群体成员的意见加以整理，并将整理的结果反馈给成员；

（3）群体成员在得到反馈之后再就该问题提出新的解决方案；

（4）专家再整理并提供反馈，直到群体就此问题达成一致。

3. 具名群体技术

这种方法主要用在当群体成员对所要解决的问题不太了解，并且在讨论中难以达成一致时。

具名群体技术包括以下 4 个步骤：

（1）出主意：由成员单独提出方案，越多越好；

（2）记录方案：把每个人提出的所有方案都列出，不做选择；

（3）对方案加以分类：群体讨论并区分记录每个方案；

（4）对方案进行表决：每个人从 12~20 个备择方案中选出自己认为最好的 5 个，并选择累计得分最高的方案。

4. 阶梯技术

上述 3 种方法对群体决策有一定的作用，但会受一些群体中人们的讨论不充分，以及在群体中可能会出现社会惰化缺陷的影响，阶梯技术可以解决这一问题。

在使用阶梯技术时，群体成员是一个接一个加入的，如一个由 5 人组成的群体在利用阶梯技术决策时，先是由两个成员讨论，等他们达成一致后，第三个成员加入。加入后先由他向前两个人讲述自己的观点，然后再听前两个人达成的意见，最后 3 个人一起讨论，直到达成共识。第四个和第五个成员也以同样的方式依次加入，最终整个群体达成一致方案。

从上述方法中，我们可以看到，阶梯技术在实际方案选择和心理感受上均优于其他方法。但该方法比较费时，所以主要用于大的、重要的决策问题。

第六章　社会心理学的应用

社会心理学像其他学科一样，其研究的最终目的是解决实际问题，也就是应用社会心理学。应用社会心理学作为社会心理学的一个分支学科，是在勒温（K. Lewin）的倡导下逐步建立其学科地位的，因此，勒温常常被尊称为“应用社会心理学之父”。进入20世纪80年代之后，应用社会心理学在美国迅速发展，研究领域不断拓展，研究内容不断深入。本章对社会心理学的应用进行分析。

第一节　社会心理学在管理方面的应用

在现代社会，由于社会分工的发展和技术的专门化，组织结构日益复杂，在这种情况下，如何调动人们的积极性、协调每个人的活动以达到预期的目的便显得十分重要。因此，在现代管理过程中，人们越来越多地运用社会心理学的原理和知识，社会心理学在管理中的运用导致了管理心理学的产生。

一、动机理论在管理中的应用

一般来说，人的动机是由需要引起的。当人有了某种需要时，就对大脑产生一种刺激，引起心理的不安和紧张状态，形成一种内在驱力，驱使人去寻找和选择满足需要的目标。目标明确后，内在动力转化为动机，动机推动人的行动去实现目标。目标达到，需要满足，心理紧张消除。目标引发动机，再由动机到达目标的过程就是激励过程。管理中一个非常重要的问题就是如何了解员工的需要，激发动机，设立目标，引导行为，把组织目标和个人行为有机地结合起来，以调动人的积极性。美国心理学家马斯洛（A.Maslow）的需要层次理论对管理有很大影响。他把人的需要分为生理需要、安全需要、归属与爱的需要、尊重的需要和自我实现的需要 5 个层次。这 5 个层次的需要是一个由低级向高级发展的过程，每一时期都只有一种需要占主导地位，而其他需要则处于从属地位。西方一些管理心理学家认为马斯洛的需要层次论能帮助企业家管理好企业，他们根据各个层次需要列出了应采取的相应措施（表 6–1）。

表 6–1　马斯洛的需要层次论与管理措施

需要层次	追求目标	管理措施
生理需要	薪水、健康的工作环境、各种福利	身体保健（医疗设备）、工作时间（休息）、住宅设施、福利设备
安全需要	保障职业、防止意外	职业保证、退休金制度、健康保险制度、意外保险制度
归属与爱的需要	友谊（良好的人际关系）、团体接纳与组织一致	协商制度、团体活动制度、互助金制度、娱乐制度、教育训练制度
尊重的需要	地位、名分、权力、责任、与他人薪水的相对高低	晋升制度、表彰制度、奖金发放制度、提案制度、选拔进修制度、参与制度
自我实现的需要	发展个人特长的组织环境、具有挑战性的工作	决策参与制度、提案制度、研究发展计划、劳资会议

20 世纪 60 年代，美国学者赫茨伯格（F. Herzberg）提出了双因素理论。所谓双因素是指保健因素和激励因素。保健因素与激励因素在内容上的划分不是绝对的，而是相对的。

一般而言，保健因素通常是指对基本需要的满足，是每一位成员都应该普遍而平等地享有，企业必须要提供的内容。保健因素与成员的不满意相关，获得保健因素会消除成员的不满，而缺乏保健因素必然会导致成员的不满意。例如，能够保障企业员工及其家庭基本生活开支的收入就是一种保健因素，如果基本工资过低，不能满足员工及其家人的基本开支，那么员工一定会产生不满；相反，如果基本工资非常高，每位入职的员工都能普遍地得到相当高的工资，这一保健因素也不会让员工感到满意。

激励因素则与满足发展需要有关，是成员需要得到公平待遇的内容，凡是必须按照业绩划分层次与等级，并且按照等级标准来享有的公平因素，都与激励有关，激励因素与成员的满意相关，如果能够得到激励，成员就会感到满意，如果不能够得到激励，成员则无法获得满意感。常见的激励因素包括工作富有成就感、职务上有责任感、工作本身的挑战性、对未来发展的展望等。激励因素的改变能提高员工工作积极性和劳动生产率。

自 20 世纪 60 年代中期以后，双因素理论在美国越来越受到人们的注意，在企业管理中，管理者运用双因素理论，扩大员工工作范围，使员工在工作中负有更大的责任，以调动员工的生产积极性，提高生产率。双因素理论还被用来指导奖金发放工作。美国管理协会出版的《目标设置》一书中指出，如果要使奖金成为对员工的激励因素，必须与企业经营好坏、部门及个人的工作成绩联系起来。如果采取平均分配的方法，那再多的奖金也只起保健作用。

美国心理学家弗洛姆（E. Fromm）还在 20 世纪 60 年代提出了期望理论。这个理论可以用下列公式表示：

$$激励力量 = 期望值 \times 目标效价$$

激励力量指的是调动个人的积极性，激发人内部潜力的强度。期望值是指根据个人经验判断达到目标的可能性大小。目标效价是指达到目标满足个人需要的价值。

这个公式说明人的积极性被调动的大小取决于期望值和目标效价的乘积，即一个人对目标的把握越大，估计达到目标的概率越高，激发起的动机越强烈，积极性也就越大。价值高而期望值太小，或者期望值大而价值太低，都不能激起较高的积极性，只有二者都维持在一个较高的程度上，积极性才能充分地被激发起来。管理者在设置目标时应注意：目标应适当高于个人的能力，使之成为员工既渴望达到，但又不是可望而不可即的，使员工能充满信心地工作。

二、群体理论在管理中的应用

社会群体是人与人之间在直接互动的基础上建立起来的一种社会单位。社会心理学对群体的研究被广泛运用于管理之中。社会心理学的研究表明，在社会组织中除了存在正式的群体之外，还存在非正式群体。非正式群体是客观存在的，它的存在不以管理者的意志为转移，因此，管理者应该了解本组织内有多少非正式群体，掌握每个非正式群体产生的原因、背景、思想倾向、成员构成、领导人物、活动方式与目标，发挥他们的积极作用，限制他们的消极作用。在对待非正式群体问题时，否认、压制与放任都不利于组织的发展。

单位的正式领导要与非正式群体的领导多接触，促膝谈心，联络感情，建立友谊。对于非正式群体的有益活动，领导与正式群体应提供条件，积极支持，或积极参与活动，使他们能够顺利开展正当有益的活动。管理人员应利用非正式群体成员之间思想交流广泛、相互间无话不谈、意见渠道畅通等特点，通过非正式群体了解员工思想动态及对各项工作的评价，做到心中有数；应利用非正式群体成员之间心理协调、感情融洽的特点，引导他们相互学习，提高业务水平；应利用非正式群体领导人威信高、影响大的特点，信任他们，调动他们的积极性。

第二节　社会心理学在犯罪研究方面的应用

为什么少数人总是会偏离法律规范，对他人和社会造成巨大危害？随着社会心理学的发展，人们越来越多地从社会心理学的角度研究犯罪现象。

过去人们多从生物学或本能论的角度解释犯罪的原因，社会心理学则通过挫折—侵犯理论、随异交往理论和标签理论对犯罪原因进行研究。

一、挫折—侵犯理论

挫折—侵犯理论认为，当个人动机、行为受到挫折时，攻击与侵犯就成为一种原始而普遍的反应。

二、随异交往理论

萨瑟兰（E. Sutherland）提出了随异交往理论。这种理论认为，犯罪多是在诸如家庭、邻里或同辈团体这些亲密的初级群体中和他人互动之后习得的行为。这和中国人说的“近朱者赤，近墨者黑”具有相似的内涵。在这个学习过程中有两个因素：首先，要学会从事犯罪活动所需要的特定技艺。其次，价值观必须发生变化，需把越轨行为看作比非越轨行为更有价值。也就是说，一个人通过和其他罪犯或一般的越轨者交往，逐渐接受了越轨者的价值观，认为越轨行为比一般循规蹈矩的行为更为可取。

因此，一个人是否有可能会犯罪，首先要看他与具有特定价值观和技艺的越轨者群体交往的程度；其次要看他是否把自己看作越轨者并扮演这一角色。如果仅和越轨者交往，而没有认同越轨者，那么越轨行为的可能性并不大。

三、标签理论

上面介绍的两种观点都是从越轨者本身去解释越轨行为，而标签理论则是从社会和他人对越轨者的反应这一角度进行解释。这种理论认为，社会和他人是否把一个人看作越轨者，这对一个人是否产生越轨行为起关键作用。在 20 世纪五六十年代，坦南鲍姆（F. Tannenbaum）、霍华德·贝克尔（H. Baker）等研究了标签对一个人越轨行为的作用。他们认为标签理论的解释有助于理解那些被其他理论所忽视的方面，社会对越轨行为的反应不是使越轨行为消失，而是使之存在下去。

在标签理论看来，这种虽然违反了社会行为规范但未被发现和标定为越轨的行为被称作初级越轨行为。倘若一个人的初级越轨行为被发现，社会就会给他一个“越轨者”的标签，以越轨者的身份来期望和对待他。那么这个人就会顺应社会对他的这种期望，认同这个标签，这样就产生了次级越轨。标签理论研究的不是初级越轨，而是次级越轨，或者称为职业越轨。次级越轨是一种经常性的越轨行为。

第三节　社会心理学在心理健康方面的应用

现代社会改变了人们的传统生活方式，患心理疾病的人越来越多。此外，现代科技发展所形成的紧张的社会环境，也使许多与心理压力有关的疾病的发病率迅速提高。这些问题不仅引起了医学界的关注，也引起了社会心理学的高度重视。

社会心理因素之所以影响心理健康，是因为这些因素导致了心理紧张。那么，如何减缓这种紧张状态呢？下面介绍减缓紧张状态及其影响的 3 种技术：生物反馈、凝神和意念。

一、生物反馈

人们可以通过生物反馈来改变身体的生理功能。许多身体内部过程与功能可以用电子仪器来测量，如心电图描记器。也可以放大及转变成其他容易观察的信号，如闪光或音乐。因此，人们可以获得的生物反馈是一种关于内部心理活动的信息，一旦人们获得了这种信息，就可以用它来控制身体的内部过程。通过自己的努力，就可以预防紧张状态对身体的有害影响。

二、凝神

凝神最普通的形式是“超自然凝神”，它包括每天两次、每次 20 分钟的静坐和反复默念一个单词（这是“超自然凝神”的指导者为个人所选的单词）。凝神产生于身体与精神的完全放松中，适用于减轻压力的影响。当人们在凝神时，对他们所做的许多研究结果表明，在生理功能方面有一个持续的重要变化。在凝神期间，氧的消耗量减少，血压、呼吸频率以及心率明显降低。

凝神者常常发现他们极少需要睡眠，这说明在凝神期间大量的身体能量得到重新恢复和储存。凝神对于抵消紧张状态的影响和防止其对生理功能的损害都是有益的。

三、意念

意念是指将意识集中于某个现实的或幻想的物体。这种集中掩蔽了所有其他的思维、情感与感觉。在花园里凝视一块石头，“看着它成长”，所有的心理能量都从其他的精神与生理活动中取出，集中于这个任务上。据推测，意念对精神具有镇静的效果，表现为使所有身体运动过程缓慢下来。将意念与凝神结合使用，不仅可以预防来自紧张状态的生理损害，而且还可以在这种损害发生后进行治疗。

第四节　社会心理学在环境研究方面的应用

环境心理学是社会心理学中一个比较新的领域。最初的环境心理学主要研究噪声或空间等物理环境对人的认识、情感和行为的影响。近 20 年来，随着社会发展进程的加速，环境问题越来越受到重视。环境心理学在关注传统研究课题的同时，也把研究目光投向了“人的活动环境的影响”这一领域。[①]

一、噪声

（一）短期噪声影响

有关噪声的研究表明，人们会迅速适应环境。人们对外界突然产生的强烈噪声的最初反应是强烈的：人们会跳起来，腹部肌肉紧张，眨眼以及产生一般的生理反应。另外，高噪声还会干扰人的工作能力，当人们感受强烈噪声时，不论是简单的还是复杂的工作都无法做好。但是，这些干扰性影响一般只持续很短的时间。甚至极强的噪声，人们也会很快习惯。几分钟后，生理反应消失，行为也恢

① 乐国安，2001. 美国环境社会心理学研究的新进展［J］. 天津师范大学学报（社会科学版）（5）.

复正常。10分钟或更短的时间之后，遭受短暂而强烈噪声的人和听到中等或低噪声的人就完全不一样了，即使噪声超过100分贝也是如此。

格拉斯（D. Grass）和辛格（J. Singer）的实验结果证明了这一点。在他们的实验中，让人们听不到任何噪声，或在2~3分钟内听到突然爆发的108分贝的噪声。高噪声导致生理唤起，但这种唤起仅仅持续了几分钟。4分钟之后，全部被试在许多工作中都干得一样出色，包括简单的算术、比较数列、字谜游戏和高等数学。一旦对高噪声习惯了，他们在噪声下进行的工作就和在比较安静的环境中做得一样好。

不过，格拉斯和辛格于1972年做的一系列实验也表明，如果噪声是不可预见的和不可控制的，即使噪声停息，特定的种种活动将继续受到损害。在一项研究中，高噪声或轻微噪声每分钟准时发生或无规律发生，结果发现，不可预见的低噪声比可预见的高噪声引起了正在工作的被试的更多失误。在另一项研究中，研究者告诉被试，让他们在需要的时候按开关通知伙伴停止噪声，从而给予他们一种控制感。即使被试从未停止过噪声，但这种控制感足以排除消极的影响。

（二）长期噪声影响

有一项研究指出：长期接触高噪声会带来有害的影响。科恩（S. Cohen）、格拉斯和辛格于1973年测定了住在纽约高速公路旁一幢居民楼里的儿童的阅读成绩和听觉辨别能力，这些儿童在这幢建筑里至少生活了4年。测试结果表明，生活在较低楼层的儿童由于长期受噪声干扰，他们在两种测试中的成绩都很糟糕。

二、个人空间

霍尔将人际交往的空间距离划分为亲密距离、个人距离、社会距离以及公众距离，并把这些距离各分为两大类：远范围与近范围。一些研究发现，具有不同文化背景的人，对交往中的空间距离有不同的偏好。还往往和人们对“自我”的不同理解有关。

人际交往的空间距离也受到性别的影响。性别的差异主要体现在两个方面：一是同性之间交往距离上的男女差异；二是异性之间交往距离上的差异。在异性之间的交往上，一般来说，男性的“个人圈”较大；而女性的“戒心”不强，在大街上她们更喜欢拉手搭肩结伴而行。心理学家做过这样的实验：让相同数量的男性或女性同处在一间小屋里待上一段时间。结果发现：男性时间稍长就会感到焦虑不安，脾气更加暴躁，冲动性和侵犯性都有所增强；但同等数量的女性待在一起却能融洽相处，亲密无间。和同性的交往是这样，而和异性交往时，男性则倾向于接近互动者。在一项实验中，男性被试坐的地方离一位妩媚女郎的平均距离为 138 厘米，而距离另一位男性的平均距离却为 255 厘米。

三、拥挤

拥挤和人口密度是两个不同的概念，人口密度是指在一定区域内的人数，而拥挤在很大程度上是一种主观感觉。如果你喜欢在幽静的林荫道上散步，另外几个人的出现可能使你感到太挤了；相反，一场舞会即使在一个小房间里挤着 50 人，你也不会感到拥挤。

拥挤影响人的复杂工作能力，这可以从保罗斯（P. B. Belous）等于 1976 年做的一个实验中看出。在该实验中，要求被试在不同拥挤程度的条件下进行走迷津活动。结果发现：处于高人口密度中的被试的平均错误为 37.44 次，而处于低人口密度中的被试的平均错误则只有 34.20 次。

拥挤也能抑制亲社会行为。受拥挤影响者倾向于回避他人，因此他们较少可能帮助他人。住在不拥挤的低层建筑物中的学生，比那些住在拥挤的高层建筑物中的学生表现出更多的亲社会行为，如借钱、帮忙等。

拥挤为什么会产生这些结果？非预期互动假设可以作出解释。这一假设认为：拥挤之所以产生消极影响，是因为拥挤环境中人们的互动超过了人们所希望的人数。

研究者比较了空间大小一样的两种结构的宿舍。第一种结构的每间宿舍包括 1 个寝室、1 个休息室、1 个浴室。第二种结构的每间宿舍包括 3 个寝室、1 个休息室、1 个浴室。住在第一种宿舍结构内的学生，比那些住在第二种宿舍结构内的学生感到更加拥挤。

米尔格拉姆在 1970 年根据他提出的感觉超负荷理论解释了拥挤的影响。在他看来，当人们被迫承受过度的刺激时，便体验到了感觉超负荷，并且也不能再与全部刺激相接触了。感觉超负荷是不愉快的，而且显然会干扰人的正常工作能力。因此，人们就要通过筛选某些刺激，只注意最重要的东西来解决感觉超负荷问题。根据这种观点，拥挤是刺激的一个来源，有时会产生超负荷。一旦如此，人们就会不安、紧张，并且将“关闭”他们的注意力。

米尔格拉姆的这一观点能够解释某些发现，但是它不能解释为什么有的时候高人口密度会产生积极的影响，也不能解释为什么女性对拥挤的反应一般是积极的。此外，它也没说明超负荷什么时候发生或者何时不发生。

此外，巴伦（R. M. Baron）等于1978年提出了失控假设，认为拥挤人的拥挤使人对事件失去控制，当人们失去这种控制时，就可能感到紧张。弗里德曼（J. F. Freedman）于1975年提出“密度—强度假设”，认为高人口密度会加强任何社会行为，不管反应是积极的还是消极的。这些假设都从不同侧面解释了拥挤的影响，它们在一定程度上也有相互重叠的地方。

有关拥挤的研究多半是在短时间的实验条件下进行的，因而其研究结果难以预测长时间处于拥挤状态对人的心理和行为的影响。

四、对保护环境行为的研究

近十多年来，美国一些环境社会心理学家致力于保护环境行为的研究。这类研究通常有两种类型：一种是研究影响人的环境保护行为的主体因素，即研究什么样的人倾向于表现出这种行为；另一种是研究如何使人们实际表现出环境保护行为。后一种研究存在两种不同取向：一种是依据斯金纳的行为主义理论和行为矫正技术，研究如何减少人们乱扔废物的行为以及鼓励垃圾分类回收的行为。另一种是依据动机理论，研究如何通过社会互动和劝导使人们表现出保护环境的行为。

（一）影响人们环境保护行为的因素

学者们以垃圾分类回收行为作为研究对象，分析了影响人们环境保护行为的几个方面的主体因素。

（1）对垃圾分类回收的了解程度。研究发现：如果一个人对于为什么要对垃圾进行分类回收、什么地方可以收集回收物等知识掌握得越多，就越会表现出垃圾分类回收行为。不过，具备这方面的知识尽管是必要条件，但不是充分条件。为了能把知识转变成实际行为，还需要一些其他内在的和外在的条件。

（2）对环境问题的关心程度。这是一种表现环境保护行为的潜在内部条件。不过也有研究表明：关心环境问题的人在实际生活中不一定会表现出垃圾分类回收行为。一种行为能否表现出来，受制于个体的态度、个体对该行为的社会作用的认识，以及个体对自己能否完成这一行为的能力的判定。因此，个体对垃圾分类回收这一行为的具体态度和认识，比他对一般环境问题的关心程度更为重要。

（3）人格特点。有的研究者试图找出垃圾分类回收人格特点，但是都没有成功。通过研究得到的启发性线索只是说明表现这种行为的人比起不愿意表现垃圾分类回收行为的人对环境保护更有责任感。不过，也有人提出，光有责任感是不够的，还要看个体对垃圾分类回收的了解程度、社会对该行为的支持程度等条件。

（二）干预环境保护行为的方式

许多旨在干预环境保护行为的研究都是以行为学理论为基础的。其提出的干预方式主要包括信息战、信号提示、示范、金钱鼓励和反馈信息等。

（1）信息战：指政府和有关机构开展大规模的宣传，以便让人们表现某种保护环境的行为。研究表明，信息战如果不与其他方式同时结合使用（如宣传节约能源，应同时让人们能够买到节能装置），则效果不明显。

（2）信号提示：是指用简短的文字信号提示人们应表现出某种环境保护行为，如“请将垃圾分类回收”“请把易拉罐放在这个桶内”等。研究表明，提示的内容越具体则效果越好，提示尽量少带命令性则效果较好，提示的内容能让人比较容易去做则效果较好，提示标志越靠近操作点则效果越好。

（3）示范：是指通过电视、电影或真人现场演示环境保护行为。调查表明这种方法颇为有效。有研究者报告了他们的一项现场实验结果：当人们从一家当地图书馆出来走向自己的汽车时，一位实验者从他们身边走过，并且在他们面前把事先放在地上的一个垃圾袋捡起来，然后放进垃圾箱。结果发现：当人们走到自己的汽车前，看到挡风玻璃上有一张传单纸（其实是实验者事先放上的）时，只有 7% 的人把它拿开并随手扔掉；而在实验的对照组，则有 37% 的人这样乱扔废纸。

（4）金钱鼓励（monetary incentives）：对节约能源、垃圾分类回收、乘坐公交车等环境保护行为有明显的促进作用。不过，研究者指出，使用这种方式有实践上的问题，即应考虑行为改变的程度、花费金钱的数量和长期效果。假如行为改变的程度不大，坚持时间不长，而为此付出的代价又颇高，则难以在实践中应用。此外，还存在如果停止使用金钱这种强化手段，则环境保护行为会同时停止表现这种情况。假如人们只是为了得到奖赏而这样去做，那么在没有奖赏时自然就不再表现这种行为了。

（5）反馈信息：是指向人们提供他们表现的与环境保护行为有关的信息，如家里使用了多少度电、多少立方米天然气和水等。调查发现：反馈信息这种行为干预手段可以使家庭能源节约 10%~5%，并且效果持续时间较长。研究还表明：信息反馈最好是每天进行，而不是每周或每月进行一次。

参考文献

[美]爱尔乌特著；金本基，解寿缙译，2017. 社会心理学[M]. 上海：上海社会科学院出版社.

[美]戴维·迈尔斯，2005. 社会心理学（英文第 8 版）[M]. 北京：人民邮电出版社.

[美]斯蒂芬·弗兰佐，2010. 社会心理学[M]. 上海：上海人民出版社.

[英]波特，维斯雷尔著；肖文明等译，2006. 话语和社会心理学：超越态度与行为[M]. 北京：中国人民大学出版社.

柴志明，冯溪屏，2005. 社会学原理[M]. 杭州：浙江大学出版社.

陈浩，薛婷，乐国安，2012. 工具理性、社会认同与群体愤怒——集体行动的社会心理学研究[J]. 心理科学进展，(137)：131–140.

[德]托比亚斯·格赖特迈尔著；陆丽娟译，2020. 社会心理学[M]. 上海：上海社会科学院出版社.

邓晓红，董一英，2017. 新编心理学教程[M]. 武汉：华中科技大学出版社.

段晓婧，2021. 社会心理学的多维探索与扩展研究[M]. 长春：吉林大学出版社.

段鑫星，2003. 大学生心理健康教育[M]. 北京：中国矿业大学出版社.

冯钢，王小章，2004. 社会心理学教程新编[M]. 杭州：浙江教育出版社.

何云峰，胡建，2007. 自我评价的功能和作用[J]. 湖南师范大学社会科学学报，(5)：33–34.

黄彬，2022. 网络群体性事件形成的社会心理学解析与应对策略[J]. 江西电力职业技术学院学报，(159)：165–166，169.

李文华，2007. 现代社会心理学[M]. 武汉：华中科技大学出版社.

林远泽，2017. 姿态、符号与角色互动——论米德社会心理学的沟通行动理论重构[J]. 哲学分析，(41)：62–98，198–199.

刘蕾，闻明晶，李冉，2016. 社会心理学导论[M]. 长春：吉林人民出版社.

刘淑娟，2017. 社会心理学[M]. 延吉：延边大学出版社.

全国 13 所高等院校《社会心理学》编写组，2016. 社会心理学[M]. 天津：南开大学出版社.

孙本文，1935. 社会学原理［M］. 上海：商务印书馆 .

孙时进，2011. 社会心理学导论［M］. 上海：复旦大学出版社 .

屠文淑，2009. 社会心理学新编［M］. 北京：经济科学出版社 .

万明钢，刘显翠，2013. 现代社会心理学［M］. 北京：对外经济贸易大学出版社 .

王芳，刘力，许燕，等，2012. 聚焦重大社会现实问题的社会心理学研究［J］. 中国科学院院刊，（27）：102–111.

王晶，2021. 社会心理学［M］. 燕山大学出版社 .

王俊秀，2018. 社会心理学如何响应社会心理服务体系建设［J］. 心理技术与应用，（61）：07+17.

王小章，2019. 中国社会心理学［M］. 杭州：浙江大学出版社 .

王羽青，徐俊，2021. 弗洛姆社会心理学在中国的接受与传播原因分析［J］. 吕梁学院学报，（66）：33–35.

杨宜音，张曙光，2015. 社会心理学［M］. 北京：首都经济贸易大学出版社 .

姚新中，隋婷婷，2020. 当代社会心理学视域下的知行合一［J］. 江苏社会科学，（01）：183–191.

俞国良等，2010. 社会心理学前沿［M］. 北京：北京师范大学出版社 .

袁秀珍，杨六栓，孙国俊，2006. 社会心理学导论［M］. 郑州：郑州大学出版社 .

张曙光，2020. 从偏狭走向宽广的理性进化——费斯廷格的学术转向及其对构建中国特色社会心理学的启示［J］. 苏州大学学报（教育科学版），（28）：51–59.

张曙光，2021. 当代社会心理学研究范式的三大转向及其整合的学理基础［J］. 西南民族大学学报（人文社会科学版），（357）：219–225.

张曙光，2022. 社会心理学视角下的中西方群己关系建构——基于理想类型方法的分析与比较［J］. 武汉科技大学学报（社会科学版），（125）：88–95.

张志安，晏齐宏，2019. 感知、互动、认同与表征——舆论形成研究的社会心理分析传统［J］. 湖南师范大学社会科学学报，（249）：143–152.

章志光，2015. 社会心理学［M］. 北京：人民教育出版社 .